清末民初文獻叢刊

舒藝室雜著

[清] 張文虎 撰

朝華出版社
BLOSSOM PRESS

圖書在版編目（CIP）數據

舒藝室雜著 / （清）張文虎撰. -- 北京 ： 朝華出版社，2018.7

（清末民初文獻叢刊）

ISBN 978-7-5054-4267-2

Ⅰ. ①舒… Ⅱ. ①張… Ⅲ. ①雜著－中國－清代 Ⅳ. ①Z429.49

中國版本圖書館CIP數據核字(2018)第102719號

舒藝室雜著

作　　者　[清]張文虎

選題策劃　楊麗麗　尚論聰
責任編輯　胡　泊
特約編輯　秦錦霞
責任印制　張文東　陸競贏
封面設計　劉敬偉

出版發行　朝華出版社
社　　址　北京市西城區百萬莊大街24號　　郵政編碼　100037
訂購電話　（010）68996618　68996050
傳　　真　（010）88415258（發行部）
聯系版權　j-yn@163.com
網　　址　http://zhcb.cipg.org.cn
印　　刷　藝堂印刷（天津）有限公司
經　　銷　全國新華書店
開　　本　880mm×1230mm　1/32　　字　　數　129千字
印　　張　17.5
版　　次　2018年7月第1版　2018年7月第1次印刷
裝　　別　精
書　　號　ISBN 978-7-5054-4267-2
定　　價　130.00元

出版前言

中國自一八四〇年鴉片戰争以來，傳統的農業文明在西方的堅船利炮轟擊之下徹底被顛覆，有擔當的知識分子苦苦追尋，思索社會改革的途徑。從最初的『師夷長技以制夷』到『民主制度，天下之公理』（梁啓超語），他們發現要『强國富民』，首先要『開啓民智』，衹有民衆擁有了獨立思想和批判精神，國家纔能實現真正的强大。在此後一百年的時間裏（一八四〇—一九四九），思想者們從社會變革深入到國民性的改造，用每一部作品見證着中國近代化的遞變歷程。這是一個極其重要的時代，《清末民初文獻叢刊》正是收録了這一時期的作品，大部分書籍都是早期版本，有着極高的文獻研究價值。

清末的中國經歷了『三千年來未有之大變局』（李鴻章語），大清王朝面對西方列强的艦炮，表現得驚慌失措。尤其是鴉片戰争，使『天朝帝國萬世長存的迷信受到了致命的打擊，野蠻的、閉關自守的、與文明世界隔絶的狀態被打破了』（《馬克思恩格斯選集》）。一批士大夫知識分子，尤其是在歐美諸國擔任使臣或者游歷的知識分子最先覺醒，着眼于對西方國家的考察，進而反省本國政治制度的劣勢，可以視作『啓蒙』的端倪。如曾擔任駐英公使（兼任駐法公使）的郭嵩燾在《使西紀程》中以日記的形式記録了自己對歐西諸國的觀感，他在考察了英國的政治制度之後，發現英國政府官員收入超過三百磅者與普通老百姓一樣同等納税，他説：『此法誠善，然非民主之國，則勢有所不行。西洋所以享國長久，君民兼主國政故也。』他明確提出了『民主』，在國家的管理問題上，人民也有參與的權利。他在該書中所披露的西方政治、經濟、文化等領域優于大清帝國這一事實觸動了保守派的神經，立刻遭到保守派群起而攻之，進士何金壽彈劾他『有二心于英國，欲中國臣事之』，他家鄉湖南的民衆對他更是痛加詆毁，以至于滿城揭帖，誣蔑他『溝通洋人』，在這種群情洶洶的情況下，朝廷最後下旨將《使西紀程》毁版，從而使該書成了禁書。然而，書雖被毁版，却不能堵死民衆的傳播與閱讀的途徑，上海的《萬國公報》依舊連載該書，張佩綸曾説：『朝廷禁其書，而新聞紙接續刊刻，中外傳播如故也。』從某種意義上來説，啓蒙是時代的需要，盡管清政府發諭旨禁了該書，民衆乃至一些朝廷大員却依舊在私下閱讀，以便瞭解外部的世界。進步的社會是開放性的，任何企圖『閉關鎖國』的努力都意味着歷史的倒退，衹有開放，與整個世界文明保持同等的步伐，纔能實現真正的强國之夢。當大批知識分子走出閉鎖的國門，親歷了文明的洗禮之後，也就把啓蒙的智識帶回了中華大地。容閎的《西學東漸記》，梁啓超的《新大陸游記》，崔國因的《出使美日秘日記》等一大批作品介紹了海外諸國的政治、經濟、軍事、外交、文化。雖然這些作品在認識上仍然帶有時代的局限性，然而却是那時最爲珍貴的聲音。

另一方面，在學術上，中國文化母體内『經世致用』思想與資産階級思想相結合，也喚起了變革，以康有爲、梁啓超爲首的改良派試圖通過自上而下的革新以實現變革。康有爲的《新學僞經考》《孔子改制考》就是借經學之表論資産階級學説之裏的著作，康有爲的弟子梁啓超更是通過《新民説》一書提出國民性改造。與早期啓蒙者『師夷長技』的器物文明引進不同，梁啓超上升到形而上的精神領域，從文化心理上更加徹底地進行變革。梁氏是清朝末年到民國初年一個橋梁式的人物，被譽爲『輿論之驕子，天縱之文豪』，其影響力不但在學術領域，同時還在文學領域，他所倡導的『詩界革命』得到了譚嗣同、黄遵憲、丘逢甲等人的響應，黄遵憲的《日本雜事詩》，丘逢甲的《嶺雲海日樓詩鈔》都體現了這種主張。這一主張要求反映新的時代和新的思想，用『我手寫我口』（黄遵憲語）的方式直抒胸臆，對長期占詩壇主流的擬古主義、形式主義産生了巨大的衝擊，解放了寫作者的心靈和頭腦。

與社會變革同步的是早期對西方思想著作的翻譯，這裏面影響最大的是嚴復，他翻譯的《天演論》《社會通詮》等書直接孕育了民國一代的知識階層。魯迅、胡適等人在文章中都曾提到《天演論》對他們思想所産生的震撼。與嚴復略有不同的另一位翻譯家是林紓，他的譯作雖然參差不齊，但却在更細膩的心靈層次對讀者産生影響，許壽裳曾回憶，他和魯迅都熱衷于林譯的小説，如《巴黎茶花女遺事》《黑奴籲天録》《迦茵小傳》等作品。

辛亥革命之後，進步社會思潮成爲主流，比之清末思想啓蒙者『求存』的追求，民國以來的知識階層深入到了更加細微的肌理，一方面呼喚社會變革，另一方面進行點滴的建設，革命并不能使所有的一切一蹴而就，在更加深廣的領域，事物的改變是由微觀而宏觀。通俗地説，比之于革命，建設的意義更大。如《中國商業史》《中國教育史》《中國倫理學史》《中國哲學史大綱》《中國小説史略》等一大批作品都是進行系統的梳理與建設的理論作品。其中，以胡適和魯迅二人的影響最大，他們的作品一紙風靡，從而成爲新文化運動的主力人物。

《清末民初文獻叢刊》收録的文獻大致上可以分爲三個階段，其中龔自珍、張之洞、魏源、郭嵩燾、薛福成等人的作品可視爲『早期啓蒙』，康有爲、梁啓超、黄遵憲、嚴復、林紓等人的作品可視爲『中期啓蒙』，胡適、魯迅、蔡元培等人的作品可視爲『晚期啓蒙』。當然，這種劃分并非嚴格意義上的，大部分啓蒙思想者隨着時代的變化，其思想在不斷進步。縱觀整個近現代史，可以發現，要求變革不是在某一個領域，由某一類人發起和完成的，而是全社會的要求。

變革，已經成爲全社會的共識。

從清末民初的文獻中，我們能够發現一種豐富性。這些作品涉及政治、經濟、軍事、教育、外交、宗教、心理、情感等方方面面，從内而外地净化着中國兩千年以來的封建積習。它不衹是對社會的改造，更是對人心靈的重塑；它首重國家社會之建設，同時亦重靈魂心智之唤醒；它是宏大的，也是微觀的；它是嚴肅莊重的，也是活潑靈動的；這些作品結構精巧，思想内容深刻，擁有濃厚的人文主義色彩，對推動社會主義建設，實現中國夢有重大意義，是近現代中國一百年來最宏富的智識與情感的寶藏。因此，整理這些文獻作品，無論是出于資料保存的目的，還是爲圖書館提供資料副本，都有不可估量的意義。

特定時代下的文獻，當它一旦形成（既指草擬，創作的完成，也指其成爲一個載體），就不可再複製了，也就意味着它將面對消亡。對于文獻資料而言，越接近歷史事件發生的時代記録，越具有研究價值。文獻本身具有不可再生性，它衹會消亡，而不會增多。盡管文獻本身的文字可以保留下來，并進行傳播，却失去了當時的時代氣息。當時的作品可能在技巧上，文字的成熟度上不及當代，但它所負載的信息，創作者的情感都反映了當時的歷史，也就是説，它具有不可替代的歷史意義。

影印的版本有三個特點，第一是擁有文獻的『原始性』；第二個特點是『未經改動的』；第三個特點是『歷史的原貌』。所謂『原始性』，也就是説，它是第一手資料，而非轉述的，回憶形成的；『未經改動的』，是指未被篡改、删節、挖補的；『歷史的原貌』是指在影印製作過程中，完全依照文獻的原來模樣……這樣製作出版的作品，無异延續了文獻的壽命。

近現代思想史上的一個最重大的思潮就是『開放』，從林則徐的『開眼看世界』到蔡元培的『兼容并包』，都是在倡導一種開放式的胸襟。而《清末民初文獻叢刊》最有魅力的部分就是『開放』這一主題，祇有融入到世界文明發展的進程中，中華文明纔能歷久彌新。

《清末民初文獻叢刊》編委會

二〇一七年四月十四日

凡例

一、《清末民初文獻叢刊》（以下簡稱『叢刊』）爲影印本，舉凡所用之底本，均爲該書之早期版本。有清末刊本，亦有民國印本。

二、《叢刊》均依底本影印，未予删改，僅代表作者個人觀點，不代表官方立場；原刊本有誤，不予校改，以保留文獻之原貌。

三、《叢刊》所用之底本，因時日久遠存在漫漶的情況，均進行了修復；底本闕文、印刷不清，均保留原貌。

四、爲讀者閱讀之便，《叢刊》中之舊底本目録未標記頁碼者，編了目次；原底本有頁碼和目録，未予重複編目。

五、爲保持文獻的原始風貌，影印本保留了原書書影（原書爲多册，則保留第一册書影）、扉頁等信息。所用底本無相應信息者，則不予妄添，以免錯訛。

目録

舒藝室雜著甲編

己卯正月霜崖兄重晤日

嘯山先生遺著署檢

舒蓺室雜箸甲編卷上

南滙張文虎孟彪

大衍用數解

大衍之取數五十也劉歆五十相乘之説爲近蓋三變成爻生數之顯於歸奇者惟一二三四成數之藏於過揲者惟六七八九而皆從五十相乘之數變化以生五十者太極也虛其一者數之原也分而爲二以象兩儀總四十九策未知其孰奇孰偶也挂一以象三而奇者偶偶者奇蓋八參天地人事動而奇偶變矣合四十八而四數之得十二適象一歲之月今在兩手則有奇零故扐之以象一歲之閏餘是爲弟一變又再扐而成一

爻積三次歸奇之數而已含一卦猶三歲而置閏也故曰歸奇於扐以象閏曰再扐而後挂此挂字疑卦之譌也既成一卦矣何以又舍扐而從過揲之策也扐所含者三畫之卦耳且未能通其變也故但數其過揲之策以爲一爻視其爲老爲少以觀變否而不據以定卦猶之閏月無中氣不可以起秝也迨十有八變而定六畫之卦猶十九年七閏而成一章也於是變化成而吉凶可占此人所爲而鬼神寓於其閒故數可知也其變不可知也今以四十八策演之爲表如左自下而上

凡歸奇之扐左二右二左一右三左三右一皆得四爲奇左四右四得八爲偶

第三變扐四餘三十六　第二變扐四餘四十　第一變扐四餘四十四

右得三十六策爲老陽而其扐爲四四四含乾之象

第三變扐八餘二十四　第二變扐八餘三十二　第一變扐八餘四十

右得二十四策爲老陰而其扐爲八八八含坤之象

第三變扐八餘二十八　第二變扐八餘三十六　第一變扐四餘四十四

右得二十八策爲少陽而其扐爲八八四含震之象

第三變扐四餘三十二　第二變扐四餘三十六　第一變扐八餘四十

右得三十二策爲少陰而其扐爲四四八含巽之象

第三變扐八餘二十八　第二變扐四餘三十六　第一變扐八餘四十

右得二十八策爲少陽而其扐爲八四八含坎之象

第三變扐四餘三十二　第二變扐八餘三十六　第一變扐四餘四十四

右得三十二策為少陰而其扐為四八四含離之象

弟三變扐四餘二十八　弟二變扐八餘三十二　弟一變扐八餘四十

右得二十八策為少陽而其扐為四八八含艮之象

弟三變扐八餘三十二　弟二變扐四餘四十　弟一變扐四餘四十四

右得三十二策為少陰而其扐為八四四含兌之象

由是觀之一畫之中已各含一卦歸奇過揲其數與象無不相應而包含於四十八策之中然則挂一之無與乎歸奇明矣二三變之無取乎挂一亦明矣唐張轅宋李太伯郭子和皆云二三變不挂一而程子曰去一卽挂一朱子曰二三變仍如初挂一黃南雷曰過揲已含策數無問歸奇胡滄曉曰弟一變挂一棄去不用而二三變挂一仍幷入歸奇

何其紛紛乎惟蘇子瞻曰陰陽之有老少宜於揲蓍求之一爻而三揲蓍譬如一卦而三爻也庶幾似之惜其猶以多少論陰陽而不求之奇偶也凡弟三變後存策三十六者謂之九四九三十六也而其扐得乾象故謂之老陽存策二十八者皆謂之七四七二十八也而其扐得震坎艮之象故謂之少陽存策二十四者謂之六四六二十四也而其扐得坤象故謂之老陰存策三十二者皆謂之八四八三十二也而其扐得巽離兌之象故謂之少陰觀上表自明至多少之說見於儀禮士冠禮疏云今則用錢以三少爲重錢重錢則九也三多爲交錢交錢則六也兩多一少爲單錢單錢則七也兩少一多爲坼錢坼錢則八也據此蓋卽漢以後用錢代蓍之法以有文一面爲少以其幕爲多其所謂多少猶算家云正負於揲蓍之法無與而沈存中輩喋喋論之陋矣

說豫一首寄曾宮保

同治三年夏四月浙江巡撫曾公方圍攻金陵亟圖破

城未得策而病節相湘鄉公命公子劼剛筮之遇豫之八文虎賀曰此司空季子所謂居樂出威之卦也貞疾之占既明示之且其彖曰利建侯行師其必大得志也越兩月而大功成而撫軍以病請假神矣哉幾者動之微吉之先見不其然乎夫豫之爲豫先憂而後樂者也坤爲衆於下而震動於上其傳曰剛應而志行順以動建侯行師者當之矣然惟九四爲震之主以一陽御五陰合衆決謀亟起而乘之其占曰由豫大有得勿疑朋盍簪由之言用也用豫之道雷出地奮也而其初曰鳴豫凶明陰柔在下未可自以爲豫且謙豫反對謙可鳴豫不可鳴也其二曰介于石不終日貞吉柔順中正靜

以待動憂悔吝者存乎介也其三曰盱豫悔遲有悔盱者憂也進退之際習乎樂而忘憂則憂將至悔也然滯於憂而不敢進則亦悔也其五曰貞疾恆不死三至五有坎象爲加憂爲心病三在下故曰盱五乘剛故曰疾矣然柔而得中又本震體恐懼以致福有恆久之道焉其上曰冥豫成有渝无咎坤靜宜守震動宜變渝之言變也豫不可極其退而暫休乎蓋易教人以處豫之道也於初與三若戒之於二若勉之於五若慰之於上若恤之知乎此其斯爲善處豫矣公之攻城也謀未決則固持以待其敝非介石乎謀已決則率衆以急趣非盍簪乎臨事而懼弗失其時無二悔矣成功不居無少見

於顏色豫而未嘗鳴也无妄之疾將爲六月之息則合於五之貞與上之无咎矣抑嘗三復於孔子之贊六二乎上交不諂下交不瀆而以爲知幾其神何與人之生也日在幾中莊生所謂游於羿之彀者也六十四卦獨於豫言知幾知幾而後能處豫曰上交下交則凡持躬接物視此矣不諂不瀆介石之貞也見幾而作順以動也微彰柔剛莫非幾也惟靜而能守者知之知微知彰知柔知剛則可以建侯可以行師可以無鳴豫之凶盱遲之悔可以貞疾而恆不死可以冥豫而成有渝皆所謂順以動也而獨發之二者二爲體四爲用也竊謂公於處豫之道得而兆見於筮則所謂精神之運心術之

動也故復推孔子贊易之意而獻之

琵琶二十八調攷一

曩讀歙淩氏次仲燕樂考原論唐宋燕樂出於琵琶琵琶四弦合宮商角羽四均均為七調故凡二十八調心竊韙之然疑燕樂七角調不用正角而借變宮當次羽後何以在羽前又其言曰琵琶首弦卽琴之弟七弦其末弦卽其子聲名為黃鍾而實皆太簇其二弦名為太簇三弦名為姑洗而實皆應鍾則更自相抵捂依宋八以字配律則首末兩弦其黃鍾邪則散聲當為合字其太簇邪則散聲當為四字二三兩弦其太簇姑洗邪則散聲當為四字一字其應鍾邪則皆當為凡字若依淩

氏以字配聲則首弦宮當爲上字次弦商當爲尺字三弦用正角則當爲工字用變宮則當爲乙字末弦羽當爲四字今正宮調散聲首末兩弦皆合字固合黃鍾之律而次弦上字三弦尺字則皆不合設謂不當執正宮調爲據則合於何調邪且論調不以正宮爲首又當起何調邪夫大不踰宮細不踰羽據五正聲而言也徵羽之數大於宮所以通旋宮之用也宮爲中聲徵羽在前商角在後宮居其中亦所以尊宮也白虎通言弦爲離音盛德在火其音徵故弦音首徵管子言五聲之數起於倍徵自古然矣黃鍾爲宮則林鍾爲徵用其倍度爲濁徵而俗工以其聲最大仍爲黃鍾隋鄭譯已有林鍾

之宮應用林鍾爲首乃用黃鍾爲首之疑蓋傳譌已久宋楊守齋始審定琴之弟三弦爲宮明鄭世子樂書始言琴大弦爲徵我

朝律呂正義及通州王氏坦琴旨始推闡極致而弦音首徵之理大明於天下淩氏謂正宮一調不足以槩他調彼自挾其所見牢不可破抑知證之琵琶而說仍不可通邪然蓄疑幾三十年終無以自釋日偶繹律呂正義續編琵琶生聲取分之法意其與琴理相通而案之仍扞格子夜臥不成寐展轉間忽憬然悟琵琶四弦實當琴七弦之用理本明顯嚮者乃如鼷鼠之入牛角而不能出可笑也

琵琶二十八調攷二

何謂琵琶四弦當琴七弦之用也琵琶首弦當琴之大弦二弦兼倍徵倍羽也其次弦當琴之三弦宮也其弟三弦當琴之四弦五弦兼商與角也其末弦當琴之六弦七弦兼正徵正羽也淩氏謂琵琶無徵弦故無徵調不知鄭譯明言蘇祗婆琵琶有五旦而遼史祇云四旦者徵羽同出一弦聲易相混羽調行而徵調廢蓋并入羽調矣徵調雖廢而徵弦故在後人又誤以爲宮弦遂無以處徵弦矣羽音在首主調而宮反隨之故曰宮逐羽音弦音二變不起調附變宮於商弦故曰商角同用然其易混猶徵羽也故至宋而七角調亦亾蓋亦并入

七商矣若以商角分主三四兩弦何云同用且七角亦何至於亾益淩氏謂二十八調本出琵琶是也謂琵琶四弦適合宮商角羽四均非也謂首弦爲黃鍾爲太蔟可也謂中兩弦爲應鍾不可也請依正義生聲取分之法而析言之如下篇

琵琶二十八調攷三

琵琶各弦通長二尺一寸六分命爲子分用三分損益法順推七聲子分下生得一尺四寸四分爲未分未分上生得一尺九寸二分爲寅分寅分下生得一尺二寸八分爲酉分酉分上生得一尺七寸○六六爲辰分辰分下生得一尺一寸三分七七爲亥分亥分上生得一

尺五寸一分七爲午分是爲七正律又以通長爲午分
用四開三因法逆推之午分下生得一尺六寸二分爲
巳分巳分下生得一尺二寸一分五爲戌分戌分上生
得一尺八寸二分二五爲卯分卯分下生得一尺三寸
六分六八爲申分申分上生得一尺八寸二分二五爲
丑分是爲五變律合七正律五變律爲十二分各加半
聲共得二十四分中去丑午亥三分及丑午辰申戌亥
六半聲共九分實十五分以配四相十品則子分爲全
度寅分爲弟一相卯分爲弟二相辰分爲弟三相空巳
分爲弟四相未分爲弟一品申分爲弟二品空酉分爲
弟三品戌分爲弟四品子半爲弟五品寅半爲弟六品

卯半爲弟七品巳半爲弟八品未半爲弟九品酉半爲弟十品案正義以辰半爲弟八品巳半爲弟九品未半爲弟十品申半爲弟十一品酉半爲弟十二品戌半爲弟十三品而今常用琵琶祇有十品不用辰申戌三半聲之分而空其弟三相弟二品則又去辰申二分每弦止十三聲而已乃命首弦全度爲黃鍾配合字爲仲呂之倍徵以次得七徵調廢不用其轉弦則全度爲倍太蔟配四字爲仲呂之倍羽郎正平調以次得七羽調命二弦全度爲仲呂配上字爲宮郎道調宮以次得七宮調命三弦全度爲林鍾配尺字爲仲呂之商郎小石調以次得七商調其轉弦則全度爲姑洗配一字爲仲呂之閏角郎小石角以次得七角調七角皆借變宮與琴異命末弦全度爲正黃鍾其轉弦全度爲正太蔟皆如首

弦由是觀之則二十八調實以仲呂一均爲首試於其空相空品之位徵之（猶識曲者辨於乙凡之位也）不能增減不可移易而徵羽先宮與琴同軌淩氏乃執首弦爲宮之成見以詆王說抑亦固矣

琵琶二十八調攷四

二十八調不起於黃鍾而起於仲呂何也此亦以林鍾爲黃鍾之故也林鍾爲黃鍾則仲呂居黃鍾之位彼以合字配黃鍾上字配仲呂葢亦覺其誤矣習非成是不能遽變而於配字微見其意若曰合字之配黃鍾非黃鍾也乃黃鍾之倍徵也上字之配仲呂非仲呂也乃黃鍾之宮也（琴之第三弦亦本黃鍾而相沿爲仲呂說見前）明乎此而可無疑於

二十八調之起仲呂矣曰七角調不用正角而用變宮何也曰嚮亦嘗疑其故矣近讀通典開元八年趙愼言奏大唐土德王請於三大祭去角調意因此以角聲所生之變宮代之於是燕樂因之相沿爲例而忘其所自始矣曰丑午亥及辰申五分之不用何也曰非不用也聲緐則複近似則亂宋人所配大呂太蔟同四字故用太蔟則不用大呂矣夾鍾姑洗同一字用夾鍾則不用姑洗矣夷則南呂同工字用夷則不用南呂矣無射應鍾同凡字用無射則不用應鍾矣蕤賓介仲呂林鍾之閒配以勾字尤上下相混用仲呂林鍾則不用蕤賓矣自黃太夾仲林夷無七律外其五均皆爲中管如用

中管則不用者用而用者或不用矣夫律有十二而一均祇用七聲蓋亦去其緐複易混者耳一變調閒而遞及各律迭爲用舍此旋宮之所以不窮也曰沈存中筆談說二十八調用黃大夾仲林夷無七均張叔夏詞源亦以太蔟一均爲大呂之中管今用太蔟而不用大呂何也曰姜堯章大樂議說七均有大蔟無大呂其所作越九歌蔡孝子篇以大呂羽爲中管般涉調是以大呂均爲黃鍾之中管而太蔟爲高宮矣堯章精於聲律當非錯誤存中叔夏或不免道聽然大呂太蔟本同用四字用太蔟則大呂爲中管用大呂則太蔟爲中管此所謂迭爲用舍也

琵琶二十八調攷五

二十八調謂夾鍾宮曰中呂宮謂林鍾宮曰南呂宮且旣有正宮而別呼無射宮曰黃鍾宮則皆差二律何也曰考原言琵琶大弦卽琴之第七弦本太簇而名爲黃鍾則固高二律矣又筆談云今樂高於古樂二律以下故無正黃鍾聲只以合字當大呂猶差高當在大呂太簇之間又云下凡字爲黃鍾清高凡字爲大呂清則遞高二律職是之故又唐會要冊府元龜引天寶十三載大樂署曲名（又見碧雞漫志隱居通議蓋皆本杜佑理道要決）云太簇商時號大食調太簇羽時號般涉調林鍾宮時號道調林鍾商時號小食調林鍾羽時號平調黃鍾商時號越調黃鍾

羽時號黃鍾調中呂商時號雙調而宋人以大食調爲黃鍾商般涉調爲黃鍾羽道調爲仲呂宮小食調爲仲呂商平調爲仲呂羽亦名正平調而別稱林鍾羽爲高平調越調爲無射商黃鍾調爲無射羽雙調爲夾鍾商皆差二律則沈說爲有據矣曰隋志言鄭譯因蘇祇婆琵琶推演爲八十四調何以後世祇二十八調曰蘇祇婆琵琶有五旦旦作七調本三十五調也譯更立七均則兼二變以旋轉於十二律呂之閒爲八十四矣夫以四弦備十二律呂之用轉弦移柱漫則不成聲緊則易折且緐複錯雜苟且遷就徒亂人聽不可以傳久究之幷此三十五調亦廢其七蓋至於宋世而所謂二十八調者僅存十七宮

調矣正宮中呂宮道宮南呂宮仙呂宮黃鍾宮大石調雙調小石調歇指調商調越調般涉調中呂調高平調仙呂調黃鍾羽此參宋樂志中原音韵輟耕錄說見考原其所以廢者或不便於指法或不諧於人耳或其譜失傳蓋皆有之今按弦音全度所生各分列於上次琵琶四相十品於中而依正宮調隸所應均調於下爲表如左嗟乎昔與我友金山顧尙之論二十八調尙之深有取於淩氏予以爲非尙之曰有以易之乎予笑曰思之未得今得之而尙之沒已十年然乎否乎誰與質此疑者乎

字譜配律呂

黃鍾合六　大呂下四下五　太簇四五　夾鍾下一緊五　姑洗一　仲呂上　蕤賓勾　林鍾尺　夷則下工　南呂工　無射下凡　應鍾凡

字譜配七聲

徵合六 羽四五 變宮乙亿 宮上仩 商尺伬 角工仜 變徵凡仉

音分位琵琶	亥半	戌半	酉半十品	申半	未半九品	午半	巳半八品	辰半
一弦								
二弦								
三弦								
四弦								

卯半七品

寅半六品

丑半

子半五品

亥

戌

四品

無 徵 夾鍾

黃 羽 中呂調 夾鍾

夾宮 中呂宮

仲 商 雙調 夾鍾

太 變宮 雙角 夾鍾

無 徵 夾鍾

黃 羽 中呂調 夾鍾

酉

三品

南 徵 太簇

應 羽 高般涉調 太簇

太宮 高宮

姑 商 高大石調 太簇

大 變宮 高大石角 太簇

南 徵 太簇

應 羽 高般涉調 太簇

申

二品

空

空

空

空

未	午	巳	辰	卯	寅
一品		四相	三相	二相	一相
林 黃鍾徵		仲 無射徵	空	夾 夷則徵	太 林鍾徵
南 黃鍾羽 般涉調		林 無射羽 黃鍾調		仲 夷則羽 仙呂調	姑 林鍾羽 高平調
黃宮 正宮		無宮 黃鍾宮	空	夷宮 仙呂宮	林宮 南呂宮
太 黃鍾商 大石調		黃 無射商 越調	空	無 夷則商 商調	南 林鍾商 歇指調
應 黃鍾變宮 大石角		南 無射變宮 越角		林 夷則變宮 商角	蕤 林鍾變宮 歇指
林 黃鍾徵		仲 無射徵	空	夾 夷則徵	太 林鍾徵
南 黃鍾羽 般涉調		林 無射羽 黃鍾調		仲 夷則羽 仙呂調	姑 林鍾羽 高平調

	丑	子			
		全度			
		黃仲呂	徵	合	徵
		太仲呂	羽正平調	四	羽
		仲宮	道調宮	上	宮
		林仲呂	商小石調	尺	商
角		姑仲呂	變宮小石角	工	角
		黃仲呂	徵	合	徵
		太仲呂	羽正平調	四	羽

答艾譜園書

梅夏濕蒸起居何似兩次承眎課作塵冘堆積久稽裁荅爲歉論允征一篇謂孔傳是而經文增季秋爲非自鄙八言之僞古文固非而僞傳亦未必是其誤蓋自杜

元凱始史記夏本紀引允征序與今本同但云羲和湎淫廢時亂日而已春秋昭公十七年六月甲戌朔日有食之左氏傳大史引夏書辰不集于房四句杜注云逸書其時僞古文未出故也而訓集爲安訓房爲舍曰日月不安其舍則食夫日月相去遼闊因月在日下人目見其蔽日故謂之食此論出自後人杜所未知不安其舍云者蓋以爲同舍相陵爾而解辰爲十二次之辰解房爲次舍之房然則次不集于次乎作僞古文者承其誤又見太史云過分未至遂增季秋月朔句攙入允征篇夫夏之九月日月會大火之次房屬大火謂之季秋可也大史明言當夏四月則夏之孟夏安得謂之季秋

且夏之季秋又安得謂之正陽之月邪僞孔傳云辰日月所會房所舍之次蓋與杜義同而訓集爲合云不合即日食夫日月合食盡人所知不合而食振古未聞而孔沖遠方且漫爲之釋殆疏體然與然則辰不集于房果何謂也曰天子日視朝於路門之外辰者視朝之辰也房如今倂朝房者亦曰朝堂考工記外有九室九卿朝焉鄭注外路門之表也九室如今朝堂天子視朝則羣臣辨色而入趨伺於此所謂集也大史曰百官降物君不舉辟移時杜注辟正殿過日食時正義引近世儀注天子辟正殿坐東西堂百官坐本司蓋天子罷朝羣臣皆罷故不集于房以重天變下云樂奏鼓祝用幣史

用辭則救日之事古今禮雖未必盡合而大略相同故引夏書以證之辰不集于房此八世君臣遇災戒懼之禮大史述之以諷昭子不然日食之變而徒瞽嗇夫庶人之紛紛邪書闕有閒是否允征之文不可考而季秋月朔四字其爲僞撰攙入無疑而其致誤之由則源於集解之誤解也閻百詩以授時時憲二秝推算允征之文事事不合斷古文之僞夫史記不箸共和以前年秝劉歆損夏益周不足徵信竹書所紀荒謬無稽且多後世附綴皇極經世鑿空推衍何從求合置之不論可矣昭十七年六月甲戌朔日食大史言之鑿鑿而以今術上推是年十月建酉甲戌朔入食限乃非六月疑歲前誤

多置閏故積差而前春秋所書祇仍舊史非止一端足下窮經好古姑以相質餘篇議論皆平允嵇康與山濤本怨言之契臨誅謂子紹曰巨源在汝不孤矣蓋隱以紹託濤康在魏無國士之知其死中鍾會之譖文帝尋悟而恨之後濤惜紹才而薦之武帝不次而用之紹之死難豈不足以厲臣節亭林之論別有寓意不必泥也弭匪之策難言之卽盡善亦徒說耳茲竝奉繳溽暑洊熱惟箸述珍攝

復謝幼伯

久疏文字日困陶陰帝虎閒讀諸大作一往清利理達辭舉胸臆爲之一快而時有若失之多者竊謂古文至

從簡質意少辭多而過於敷衍即近時埶不揣檮昧閒論一二附卷中至說詩數則固不失以意逆志之旨皇矣天立厥配尊意謂即文王克配上帝之配正與呂氏讀詩記引程氏歐陽氏說同又引朱氏云天以其德可配天而立之於此則其受命堅固而不易矣則朱子初解亦如此其序讀詩記所謂少時淺陋之說蓋即此類後作集傳以爲太姜則因毛鄭以爲太姒而遷就之集傳解因心則友謂以太伯而避王季則王季疑於不友故詩云然據讀詩記所引則係長樂王氏之說甚爲鄙淺不知朱子何以取之而又遂以爲己說烈文孔疏以爲周公居攝七年致政成王成王乃祭祖考戒諸侯據

此疑所謂烈文辟公乃成王歸德於周公之辭載見之烈文辟公亦如此則又疑雝詩之辟公亦謂周公故孔子舉此以深誚三家然出臆說未經攷定因辱問聊發之耳若載之爲始則毛傳不可易矣夫經義淵深如海近世諸儒以其非常之質博極羣書力闢榛梗猶多未達何況鄙人敢言經學向固妄有意於此亂後久置之矣足下年富力强既喜談經宜捐棄一切并心壹志以爲之而其道當從爾雅說文入蓋古人訓故名物不盡與今同不可執後世語言文辭以概古人也瞽說不足舉似惟惠教不宣

復劉伯山書

承示論語子罕篇緼袍章集注此衛風雄雉之詩詩字纂疏本作篇謂趙格庵所見係朱子原本當以篇字爲是因舉學庸語孟釋詩皆偁某篇爲證僕攷之有不盡然者朱注於經文有詩云詩曰者其釋之例皆云詩某某之篇不云某詩以句上已有詩字也惟此不忮不求二語經文無詩云詩曰字故釋之云此衛風雄雉之詩如欲偁篇則當云此詩衛風雄雉之篇今句上不箸詩字故不云篇此於語勢已足自不必詩篇沓見也憲問篇擊磬章深則厲淺則揭注云此兩句衛風匏有苦葉之詩也正與此同而顏淵篇子張問章誠不以富亦祇以異注則云此詩小雅我行其野之詞者蓋以此二句

錯簡與上文義不相應故少變其例至孟子滕文公篇許行章吾聞出於幽谷遷於喬木者則以聞離孟子語氣故又變其例云小雅伐木之詩云云以分析之此皆經文不箸詩云詩曰之例言非一端各有所當緼袍章實與擊磬章一例不忮不求二句自爲一節故但云此衛風雄雉之詩深則厲二句連上荷蕢語爲一節故既釋其文又別之曰此兩句衛風匏有苦葉之詩也正見朱子精密處要之俱與它處有詩云詩曰字者不同纂疏本作篇安知非偶誤如作校記固不妨存此異文今但刻本文似可毋庸更改幸再審之

尊意謂格庵本親得之於朱子而通志堂本纂疏依宋

本翻刻必無誤者然公孫拔之譌公孫枝王伯厚在當時所見已然今纂疏本亦同則宋本不能無誤而纂疏亦不能異於通行本也錢竹汀少詹所舉集注避欽宗孝宗諱字今本纂疏有改威作桓改謹作慎者則通志堂本亦未可據矣

復劉融齋宮允書

承惠說文雙聲四聲切韻二種佩服之至自來言諧聲者詳於疊韻少言雙聲自大箸啟之至以欽意烏子攝一切音分析條理曲盡其致敝郡青浦沈學子先輩因論華嚴字母嘗悟及此世有韻學驪珠一書其切音皆收匣影喻三母意取沈存中所謂聲中無疊塊也然竊

謂度曲本主長言曲折轉合交有首有身有尾如今之水磨腔有一字數聲者不特三合四合而已非若先生此書專論切音則但出音收音宛合而已足也古人分韻以東眞陽耕等鏗鏘之聲爲陽啞者爲陰而今曲家則以重實之聲爲陽輕浮之聲爲陰北曲又反是其實此可謂之清濁而不可謂之陰陽大箸亦既言之矣夫氣輕清者上浮爲陽重濁者下凝爲陰聲則輕而浮者濁重而沈者清故不可以陰陽言猶之十二律呂長者聲濁而低短者聲清而高然大呂之管短於黄鍾而長於太簇夾鍾之管短於太簇而長於姑洗初非以長短分陰陽也古陰陽兩部竝有清濁而實不以清濁判陰

陽殆周德清韻誤會耳續筆蒙賜署首甚感奉呈小萬卷樓叢書二十冊校勘疏漏處條示之

荅楊見山都轉書

客冬兩奉手教適遭室人之喪春夏來又以遷居郡城摒擋細瑣久稽裁荅爲歉子高所輯管子校正及身授刊金陵書局於近世諸家采掇甚廣獨未及大箸想副墨無存矣來教論牧民篇之錯字問字乘馬篇之天字八觀篇之捐字侈靡篇之家字敬聞命矣惟七臣七主篇侵臣事小察以折法令好佼反而行私請尹注佼謂佷詐也背理爲私以佷詐訓佼古未之聞（蓋其本佼譌作狡然狡字亦無此訓）劉氏知佼卽交字乃意反字爲友王氏從之竊謂

此佼乃交接之交如上交下交交左交右交際之類與交友義稍別（古蓋祗用交字後世作佼）故疑反爲友之衍誤佼字屢見明法解（明法篇作交）蓋管子一書專重法制禁令（隋志入法家而漢志入道家蓋亦史公老子申韓同傳意）明法篇及解極論君臣不守法令之敝正與此篇侵主侵臣之說相表裏文繇不及引契勘自見好佼句來敎引作好姣反而行私姣字似承韵會之誤（段注佼下已辨之）句末無請字豈別有據本邪又此篇首論申主任勢守數以爲常周聽近遠以續明皆（俞太史云當作比是）要審則法令固賞罰必則下服度王氏讀申爲信竊謂申古作申與明字形近而譌明法篇云所謂治國者主道明也明法解云明主者有術數而不可欺也審

法禁而不可犯也察於分職而不可亂也卽此篇任勢守數之意下文亦屢言明主而續明二字尤爲塙證中主信主他處未見他書亦未見也管書本多坿益又錯誤不可悉理一知半解無當攷證聊獻所疑兄好學深思兼得大賢之傳所校諸書必有心得亟宜彙寫成帙以爲道古者津梁先睹爲快承惠賢昆弟詩文槀吉光片羽正不在多讀新樂府深入漢魏閫奧雖閒有模擬之迹要非明七子所及也所居在松郡東門外頗有園林樹木攜來書籍大都局本然亦足自虞敂門不出未免風雨雞鳴之感惟時通尺素以當面論

與熊蘇林書

承示駱司訓算書二種讀竟奉繳李四香開方說詳於超步商除翻積益積諸例而不言立法之根令初學者茫不知其所謂駱氏於諸乘方方廉和較大小加減之理皆質言之而推求各元進退定商諸術尤足補李書之未備誠學開方者之金鎖匙汪孝嬰創設兩句股同積同句弦和一問以兩句弦較中率轉求兩句弦較立術迂迴駱氏以正負開方法徑求得兩句頗爲簡易衡齋亦當首肎也立方以上古法頗略孔顨軒少廣正負內篇列帶縱立方變體十三種以補古人所闕有裨於算術甚鉅三乘以上不過算家借喻其稠疊之數本無其形學者往往守其法而莫明其理孔氏始化積爲邊

俾方廉皆顯駱氏諸圖皆襲之而不言所自轉於他處諱其姓氏反脣相稽得毋褊乎天元如積之術至明失傳梅文穆始以借根方發其覆爾時推闡未至容有之李四香校測圓海鏡而大明其說不可謂無功借根方之多少即天元之正負其兩邊加減即天元正負相消之理論其法借根方固不如天元之簡然天元實方廉隅稠疊之位實賴借根方之幾眞數幾根幾平方幾乘方而益箸駱氏必欲翻梅李之案而直詆爲不知天元噫過矣且其言曰正負者加減之謂多少則盈朒有迹試問加減何自而生乎以此減彼而有餘則謂之正以彼減此而不足則謂之負有餘非多乎不足非少乎以

此之正消彼之負而見盈正數多則變彼之負而爲正謂正非盈可乎以彼之負消此之正而見朒負數多則變此之正而爲負謂負非朒可乎天元左右數正負可互易此與兩邊加減法異而理同李氏以爲異異其法也駱氏謂異在正負不在兩邊加減此公孫龍之論白馬非馬也李氏弧矢算術弦與殘周求矢圜徑截積求矢二術元艸竝以天元除太極得太下一層少一天元通分故開方式元在下廉之位然以元除太則太下一層已爲元分而太下一層自乘得太下二層含天元自之爲五層即三乘方式矣於是以太下二層爲積太下一層爲元太爲方元爲廉元自乘爲隅蓋以降二位爲升二

位不啻以天元通分也且天元術相消之後但問得式
幾層爲幾乘方實方廉隅之位不復論爲元爲太駱氏
以天元通分故元在本位然五層之式與李無異苟明
其恉不必別擬細艸矣方程五家共井一術梅勿庵譏
其不言井深故所得但爲虛率而不能斷其丈尺又七
百二十一亦非定率凡可以七百二十一除之而盡者
皆可以五等之繩相借而及泉此條雖出九章然立法
之疏不必爲古人諱李雲門據劉徽注謂明以七百二
十一爲井深率七十六爲戊綆長不知但言虛率則分
寸尺丈何不可以七百二十一命之卽分寸尺丈又何
不可以七十六命之駱氏顧沾沾焉偁述其以法爲率

之巧而惜勿庵之未見則似猶未達勿庵之恉也夫人心思智巧日用日出算數之學往往今勝於古然亦賴有古法以爲之質且彼古人者則亦甚賴後人爲之推求而精益求精也駱氏之論正負開方塙能發揮隱伏而於近世諸家詆諆已甚將獨尊其師法與抑主持古法而過之者與文虎於此學無所得亦未敢有所偏主聊以管見質諸足下幸惠教之

與席晦甫書

宣夜絕無師傳疑本但有其論未嘗立法晉志述郗萌之說所謂天了無形質及眼瞀精絕云云卽莊生天之蒼蒼其正色邪其遠而無所至極邪意然七政運行自

有常度而謂遲疾任情則無從設算宜其不能立法也向讀羅茗香續疇人傳亟稱許氏宣西通以爲必有精微之論今承見示則殊不如其欲見之意何也天體渾淪旁薄至高至大何從而知惟日月星辰有行度可見見日月星辰卽以爲是天云爾然古來術家隨時測驗順天以求合小不合則增損之大不合則更張之無一定也其立法之根古人謂之綴術今夫數散而無紀必有所附麗而後學者得其貫弗蓍策鍾律九重天十二重天不同心小輪橢圓之類皆是也西人之言天亦屢變矣彼豈眞以天爲如是哉果以天爲如是則一定不移何以忽爲九忽爲十二忽爲不同心爲小輪爲橢圓

紛紛更置哉蓋亦管窺蠡測隨時修改以求密合耳不
然天本渾圓輪體何嘗日亦渾圓輪軸何穿西人不若
是之愚也夫得魚可以忘筌而非筌無以得魚得兔可
以忘蹏而非蹏無以得兔許氏知七政有高下盈縮而
欲去諸重天諸輪之說是舍筌而求魚棄蹏而逐兔也
其何從立法乎諸重者高下之根諸輪者盈縮之根謂
之假象可也遽執此而欲窮其輪軸所在則易傅天垂
象中庸傅日月星辰繫焉果孰綸之繩而孰縉之絲乎
吾見西人之得魚兔也自若而許氏則徒束手而議其
筌蹏耳及閱易確更有可異者莊生傅易以道陰陽傳
曰陰陽之義配日月說文引祕書曰月爲易其義甚精

其轉而爲難易之易者日月人所共見所謂縣象著明莫大乎日月也許氏以從日從勿勿爲物字支離蔓衍幾於秦延君之說曰若稽古至解易字爲乾示人易之易則昧於本義假借之別矣十圖本於太玄九圖本於乾鑿度宋人名之爲河圖洛書遂附會爲易範之原是非蠭起近儒辭而闢之使各歸其本斯亦已矣許氏偏取九圖謂點卽圖數卽書已無徵據至以中五爲徑四正爲圓周四維爲方周而方周用幷圓周遞加尤自相矛盾夫自中國至歐羅巴相隔數萬里自古至今經算師凡幾而圓徑一周三一四一五九二六五之數若合符節可謂至精之詣許氏乃曰吾不假籌策虛空冥悟

而篤乎諸術之上是眞上聖之智邪割圜之術設半徑爲千萬以內容外切屢求句股漸近圜邊其一下小餘又十餘位然則觚楞之處即有微差亦當在小餘而許氏率圜徑一周三一五一九〇七至十萬而已差有是理乎秦道古環田三積術本於張平子劉徽已辯之錢溉亭談階平拾其唾餘詑爲心得其實無裨於算學許氏顧以其率數相近引爲奧援誤矣大衍之數衆說不一竊以天五地十相乘爲近蓋歸奇之數惟見一二三四過揲之數惟見六七八九而含蘊於五十中則所謂太極也許氏以周徑附會則不倫實甚且句羃股羃相幷即弦羃方五斜七乃其麤率蓋五十開方有所不盡

目顧謂斜攝四十九不盡故五十去一何其拙於算邪揲著古法不可攷而以相傳之法合之繫辭大約無甚乖牾許氏別創新說以四十有九卽挂一聖人之言乃顚倒若是不待辯而知其非矣凡此皆其持義之犖犖者它未暇論也如許氏者得不謂之好學深思獨惜其好爲新奇勇於自信足爲吾黨之誡敢質之足下亦欲聞其得失焉

與馬遠林書

客冬傾挹風采信名下無虛士比惟箸述萬福鄙人所患至除夕遂霍然入春頗頑健晤樸夫兄知承渥注深感深感鼎老轉盼沈學博四元玉鑑細草憶曩在杭州

時尊師碩甫先生曾及之後聞甘泉羅茗香亦箸細草已剞劂行世求之既久歲甲辰夏阮文達公始以寄贈推闡詳至糾謬拾遺有功於算學甚鉅匪特為漢卿諍臣而已今讀學博所箸固與羅君大同小異實不如羅之詳然四象朝元弟三弟五兩問羅君細草方廉隅諸數皆不符原術竟無說以處此學博所演獨與術吻合此則勝於羅君者惟左右逢元弟一問空開四乘方而術開三乘方弟二問空開三乘方而術開無隅平方弟二十問空開七乘方而術開九乘方弟二十一問依術推演十乘方得數雖同而方廉諸數竝異羅君疑為術誤學博於此四條皆無細草而云草見廣異今檢卷末

無廣異豈別有專書耶書中商功修築弟二問脫去八行撥換截田本十九問脫去末三問四象朝元弟二問羼入三才變通之末至於算式位數舛誤不可枚舉偶爲籤出不及百一蓋四元位置已緐而天物地人相乘寄位夾縫尤易淆亂豪釐千里非一一演算未由周知也明靜庵割圜密率捷術用疊借諸根暗合四元之法但一根又一根稱名易混李壬叔以意創爲置太極於一隅而以四元如積諸廉依次分列旁行衺上縱横相遇較舊法爲明顯且免剔消之緐近西人新譯代數只用記號似亦便捷苟會而通之不直爲四元別開生面且立元可不限於四也然鄙見以爲入算之用天元爲

多其雜糅隱伏者御以地元足矣三元以上皆過爲紆曲以發難題謂極算術之奇可也以言實用則徒苦難心力而已大雅以爲然否學博書四冊奉繳察入尊師無恙相別二十年時時念之見時道意初夏寒暖不常惟爲道珍攝

復畢子筠大令書

辱書亟詢姜白石歌曲此書惟敝郡張奕樞栞本稍善然旁譜亦多錯互譌脫舊嘗尋其條理更正數處歲乙巳夏阮文達公以揚州陸鍾輝合刻詩詞本見寄屬校栞入指海（陸刻板片由江氏再入於阮癸卯燬於火）蒙以張本互勘則舛誤更多閒世閒尚有南宋嘉泰閒栞本思得一校故遲以

有待今文達墓艸已宿而授梓無期甚歉然也蒙於聲律之事非有所知特好之而已三月間舊友李壬叔從先生來松盛述先生箸撰等身尤精音學竊欣然擬謁舟次適先生訪姚丈子壽未返其明日卽開解維赴滬城以無繇一見爲恨雖然讀壬叔所眎大箸律呂元音則不啻目提而面命之矣琴正宮調以倍徵倍羽居前故調琴必以管色合字定首弦宋人誤以爲黃鍾之宮謂黃鍾最濁宮配合字遂以字譜依次分配十二律分配之不足遂又强析之於是合四之閒有下四四一之閒有下一上尺之閒有勾尺工之閒有下工工凡之閒有下凡六五之閒有下五五字之上又有緊五蓋其高

低次序與今字譜不同觀其於後律與前律同字之調不卽用高吹而別用中管知其高字非卽低字之清聲矣夫一均之中止用七律而字有不全無以成調意此十六字不過藉以記律之高下及樂工施用仍以上尺工凡六五乙相次爲調然則此十六字徒附贅縣疣而與七音相混亘然自宋以來相因不改如明鄭世子唐荊川號爲知樂猶未悟其非至 國朝吳修齡胡竹軒王吉途諸君始毅然以字譜歸之七音俾度曲家知上尺工凡六五乙卽宮商角變徵徵羽變宮則今之樂由古之樂而以字配律之謬不攻自破今先生箸書復極論之與諸君如驂之靳矣四聲配調段安節樂府雜錄

已箸之宋如楊守齋李易安言之尤鑿鑿此與以字譜配律同謬雖知其非而不可謂當時無此制度乃近人奉爲枕中祕若聲律之事無踰此者則眞可嗤已先生推論四聲陰陽清濁謂上聲落陽便混去聲陰平不落陽卽成上聲皆深入玄奥非精詣神悟者不能道又謂後世君子不習聲律只可以辭從調工師能習歌吹轉得以調從辭誠然然竊以爲以調從辭固依詠和聲之義然亦有空以辭從調者既塡舊調則其筋節之處陰陽上去空依仿爲之無使失調其餘有可出入者勿拘可也近世詞家矯枉過正字字必依古人拘攣束縛無復生趣且雖歌千詞如出一曲亦何貴乎其陳陳相因

哉先生論工尺記號順口作高下竊以宮商角徵羽卽各肖其聲卽爾雅重敏經迭栘亦然何嘗不可順口作高下但加二變則當別作記號目然則既有七音卽有七字大招四上競氣詎非宮逐羽音之義蓋以倍羽列宮前羽大於宮故云極聲變也凡此皆蒙涉獵之餘妄有所窺測而不敢出之口者讀先生書不禁歎先得我心而躍然助之舉喙也而其中有所疑者先生謂周禮圜鍾爲應鍾函鍾爲中呂而以舊說爲非案大師掌六律六同陽律黃鍾太蔟姑洗蕤賓夷則無射左旋陰呂大呂應鍾南呂函鍾小呂夾鍾右旋大司樂奏黃鍾歌大呂奏太蔟歌應鍾奏姑洗歌南呂奏蕤賓歌函鍾奏

夷則歌小呂奏無射歌夾鍾皆取合辰函鍾配蕤賓卽林鍾無疑小呂配夷則卽中呂無疑然則函鍾不得屬之中呂也明甚至圜鍾之爲夾鍾雖於經無徵或以圜丘之樂用此爲宮故有圜鍾之名鄭注近古當有所受且此經下文宗廟之樂應鍾爲羽同在一節不當兩岐其名呼應鍾爲圜鍾也竹音勻開七孔（第七孔距第六孔係半度不勻開此言其槩）則其中孔爲弟四聲適當變徵之位固然若琴弟七暉當全度之半爲各弦之子聲惟側調用二變以全弦爲變徵則七暉與散聲應至云隔七相應則自全度以至半半七聲迴環各如其分而不必皆當暉而先生於此且槩言之豈別有說乎陽樂陰樂分用律呂正

義始發其覆若唐人燕樂以黃大夾仲林夷無七律之宮商羽角爲二十八調其所謂角調者又非正角而以變宮爲角宋人因之其每調殺聲見於夢溪筆談其推衍而爲八十四調詳於蔡元定新書及張叔夏詞源是皆以律呂互用今先生用陰陽二樂正聲合倍半二均旋爲十四調此於旋宮轉調之理未嘗不合而謂與唐宋人所謂二十八調八十四調者名異實同此蒙所反覆思之而未喻其指者也舉世言樂者寥寥又伏處閭巷無所師授徒以意推究至癥結處每望洋而歎先生過聽人言先施手教若引爲同志者敢忘其固陋質所疑於左右爲奉教之地非敢有所腹誹也惟先生垂察

不宣

復朱述之大令書

幻居坐雨游興索然將爲歸計矣忽騶從賁臨一時倚裝匆促未罄所懷至今猶悵悵胸臆孟秋次公寄到見惠家集仰見門才之盛媲美諸王珍荷珍荷聞嘉郡水災與蘇松相埒救荒無定例惟勤恤民隱者隨時隨事而變通之執事以通儒爲循吏實心任事實惠及民覘治術卽可覘經術矣來教以續墨客揮犀多掇拾它書疑非眞本今檢全文出夢溪筆談者二十八條出冷齋夜話者二十條出遯齋閒覽者十三條又李圭簿條見閒窗括異志王學士條見東軒筆錄而文小異唐龍圖

條已見前編而此複出謝泌條亦與前編謝諫議條略同來教所舉邱濬臺書方鈔引蜂蟄一條在今弟八卷未嘗缺此條亦出筆談謂爲贗作誠是而鄙意猶有疑焉明商濬稗海所刻墨客揮犀十卷　四庫全書提要疑其原本殘缺後人又有所竄入今攷之其出筆談者四十六條出夜話者十八條出閒覽者十二條出因話錄者三條出晉書者二條出北魏書者舊續聞者各一條其淵材好談兵及彭淵材初見范文正畫像二條亦類冷齋夜話今本夜話及遯齋閒覽俱不全蓋其所掇拾有今所未見者又續編應天鰻井條本筆談文而前編蟹泉條末云此亦應天鰻井之類句意相應語氣亦

絕類沈存中安知非筆談佚文然則不特續編非眞本即前編亦贋作也惠洪系出高安彭氏夜話及石門文字禪屢及淵材蓋其同族淵材名几僅見談兵條注宋史張商英傳郭天信以方技隸太史商英因客彭几與往來蓋即其人而厲樊榭宋詩紀事即以淵材署名未免失攷彭乘爵里無徵惟能改齋漫錄十四云彭乘撰茅亭客話魏泰東軒筆錄載一條云彭乘爲翰林學士有邊帥乞朝覲仁宗許候秋涼即遂乘爲批荅曰當俟蕭蕭之候爰堪靡靡之行王琪性滑稽乘死爲挽詞有最是蕭蕭句無人繼後風蓋謂是已據此則彭乘之死在王琪前攷宋史琪仕仁宗朝卒年七十二琪爲王珪

從兄珪死於哲宗初立之年年六十七使琪長一歲而
死於珪後亦當在元祐四年而彭乘之卒必在四年以
前乃揮麈前編有曾子宣一事又及東坡在惠州事皆
在紹聖初乘何從而知之其爲僞撰無可疑者是書箸
錄於書錄解題蓋當時坊估託名以射利耳陶平塘集
及新輯宋人遺集先奉繳艇齊詩話容錄副續繳撫字
賢勞況茲灾歲惟爲民珍攝

復丁友雲郡丞

客冬囪囪就道未遑揖別至今爲歉抵舍以來三經弦
望敝鄉荒陋制藝而外少可語者新正皷戶養疴以書
自遣而已前承惠教所續火藥礮子遠近表自三錢六

分以至五錢五分其加差與西人原表理合而五錢六分以後似失其意蓋火藥與礟子其力相迸而發故能及遠而火藥漸增礟子之力以漸而減迨抵力不勝火藥之力則不惟不能及遠且或至於炸裂繹原表火藥一錢與一錢一分之遠近其加差之較數爲三五二而一錢一分與一錢二分其加差之較數爲三四四兩數相較其減以八自此以下其級相同歷四十四次減至五錢五分而較數已盡則五錢六分以下宜仍依級上減加差之數其數爲一四三二六二四而續表誤減爲加則非原表之意也今以抛物之理證之人力愈大則物去愈遠固也然必其物質之重者而可物質太輕則

人力雖大終不能遠故火藥漸加則礟子及遠之力漸減無減盡復加之理惟礟子輕重不一而表不云幾何蓋鈔錄時疏忽也質之左右以為然否

舒藝室雜箸甲編卷下

南滙張文虎孟彪

禹貢讀本序

學者讀禹貢不得要領童而習之白首而茫然如涉大水孔傳雖僞然猶多采古說蔡九峰不知攷信輒以臆決疏略抵捂昔賢箴之衆矣然終未有能融會貫通言之鑿鑿者我友金山顧尙之氏博極羣書孰精輿地之學乃約諸家之說而疏決其窒塞導其未達㯺栝爲此注於九州形勢山原川瀆地之遠近用功之先後乃如燭照數計辭淺而義顯言簡而意該雖主於便初學循誦而它人竭畢生之攷證未能如斯之明析也書成傳

寡者衆往往牽於蔡傳以意點竄失其本眞經亂散佚幾於絕無僅有君之子深予門人也得諸它氏寄以眎予注文孱雜不可悉辨姑舉其一二論之案古本以冀州旣載斷句注疏本史記夏本紀漢書地理志皆同蔡傳始連壺口爲句而此本從之非君平日道古之意孔傳梁岐在雍州鄭義同此本下文用曾旼梁岐一役語是從孔傳而句下載蔡傳呂梁狐岐之釋在前殆非原本篇中兩島夷島字地理志竝作鳥夏本紀冀州作鳥揚州作島葢鳥字古讀丁了切故借爲島字若如鄭注則解以本義顏監注漢書多存古字史記或不承權輿此本從蔡傳竝作島注中亦無借鳥爲島語疑經刪改

然尚可云注疏本已然三江既入釋爲淞江婁江東江此蔡爲張守節史記正義所誤君與翁查麓書深識之據後中江注是本從鄭注而此及後北江注攀援朱蔡意在模棱明是它手竄入九江孔殷古說多主尋陽蓋本地理志至宋胡旦晁說之曾旼及朱子以爲今之洞庭而又言八八殊若蔡傳所謂元者向無此名特無字之再誤而與曾朱之說竝列云皆可從何其顢頇而無據乎原夫諸君點竄之意蓋以場屋之文例宗蔡傳慮乖功令不暇爲窮經計耳然其分析段目釐然各當則未嘗更改固讀禹貢者之金鎖匙而空入置一編者也

燕寢攷序

自鄭君以人君左右房大夫士東房西室注禮而後儒紛然辨難莫得其意然鄉飲酒記之薦出自左房鄉射記之出自東房此行於庠序不得據以難鄭也惟聘禮賓退負右房而立賈疏以爲正客館案上文有司入陳注云入賓所館之廟及廟門注云大夫行舍於大夫廟下文公館賓賓辟注云君在廟門正與記卿館於大夫語合賈蓋曲爲之說且何以處少牢饋食禮有司徹二篇之屢言東房也或謂東房西室鄭專論寢然公食大夫禮宰夫筵出自東房鄭注天子諸侯有左右房此非明對大夫士之廟而言乎或謂士喪禮遷于祖正柩于兩楹閒注云象向戶牖也戶牖閒得與楹閒相向其室

必正中似鄭君亦以士廟爲有左右房公食大夫禮注偶失檢耳案特牲饋食禮豆籩鉶在東房注云東房房中之東東夾北鄭蓋以士廟不當有東房故以房中之東解之然則東房西室鄭意固兼廟寢也明甚且如或說以東房西室專屬之寢亦有可疑者昭四年左氏傳使置饋于个而退杜注个東西廂東西廂爲左右房之制昭子之寢既有東西廂則非東房西室可知夫三禮爲鄭學體大物博非可輕議顧攷之於經而不合當别求其故是惟好學深思者能心知其意耳績谿胡竹邨農部湛深經術尤篤于禮嘗謂鄭君之説當有所受必非意造讀斯干詩箋乃悟東房西室專爲燕寢之制鄭

君注禮時槩諸宗廟正寢係傳聞之誤當以詩箋爲正又參之內則玉藻士昏禮襄二十五年左氏傳尚書大傳而知自諸侯以下其燕寢皆東房西室東房西室之制室則東向開戶以達于房房則南向開戶以達于堂由堂入房由房入室而室之南無戶證之經傳皆合作燕寢攷二卷於是東房西室之說明而注疏以下凡後儒所論之是非亦各見農部爲歙儒淩次仲教授入室弟子教授箸禮經釋例爲禮家斗杓農部又以賈君淺略別撰儀禮正義猶未脫稾然其好學深思能通古人之意於此可見一斑矣歲已亥秋晤君武林傾蓋如故訂忘年交癸卯夏以學海堂刻本燕寢攷篇祑錯亂郵

示原稾屬爲校訂錢錫之通守爲編入指海甲辰冬復寓書屬序文虎學識究陋無以證成君義於其刊竣謹揭君箸書大恉于簡端云

春秋集古傳注或問序 代薛慰農觀察

春秋之作游夏不能贊一辭聖人旣沒弟子迺以所聞轉相授受不能無同異至漢惟公羊穀梁二傳列於學官左傳後出其述君子之云有失之誣者魏晉閒學者多治左氏范甯注穀梁時有反脣而二傳寖微漢經師專門之學遂廢自是以後箸書益緐鑿空窺測人自爲例欲折衷一是難矣橫渠張氏謂非理明義精殆未可學朱子亦言春秋義例時亦窺見其一二大者而終不

能自信於心然則春秋一經其終不可通乎善哉子孟子之論曰王者之迹熄而詩亡詩亡然後春秋作明乎春秋之作所以維王迹也曰其事則齊桓晉文明乎王政不及於諸侯不得已而與霸與霸亦所以尊王也曰其文則史明春秋爲魯史而夫子本先王之義修明之知乎此則知以夏時冠周月之非而黜周王魯之說其獲罪於聖人久矣董子曰春秋甚幽而明無傳而著又曰春秋無達例此謂學者宜原始要終實事求是不可徒徇傳說以自錮而非謂傳之遂可廢也得此意以治經而諸家之離合庶幾可見矣五河郜明經克寬氏今荻洲觀察之曾祖也食貧績學二十年成春秋集古傳

注二十六卷於古人之說無所偏主合於義則取之有不能盡者參以己意無可取者直以義正之又恐讀者不明其取舍之故別爲或問八卷發揮其蘊奧乾隆間大吏經進篋目於

四庫全書提要迄今百餘年學者慨慕而不得見觀察將授之剞劂以示後世屬序其概時雨受而讀之其持議平無深文苛察之弊其比類切無牽涉疏謬之談理當其可而不苟異同辭達而止而不煩馳騁以此由孟氏董氏所論而上窺筆削之旨其不熒於眾說而有所折衷學春秋者之的也觀察纘承家學而公之蓺林亦無忝祖德者哉予老而荒經無以引申鄉先生箸書之

以附名簡尾爲已幸也輒識其嚮往之私如此云

幾何原本序　代曾文正公

幾何原本前六卷明徐文定公受之西洋利瑪竇氏同時李涼庵彙入天學初函而圜容較義測量法義諸書其引幾何頗有出六卷外者學者因以不見全書爲憾咸豐閒海甯李壬叔始與西士偉烈亞力續譯其後九卷復爲之訂其舛誤此書遂爲完帙松江韓中翰嘗刻之印行無幾而板燬於寇壬叔從余安慶軍中以是書眎余曰此算學家不可少之書失今不刻行復絕矣會余移駐金陵因屬壬叔取後九卷重校付刊繼思無前六卷則初學無由得其蹊徑而亂後書籍蕩泯天學初

函世亦稀覯近時廣東海山仙館刻本紕謬實多貽誤
來學因幷取六卷者屬校刊之蓋我中國算書以九章
分目皆因事立名各爲一法學者泥其迹而求之往往
畢生習算知其然而不知其所以然遂有苦其緐而視
爲絕學者無它徒眩其法而不知求其理也傳曰物生
而後有象象而後有滋滋而後有數然則數出於象觀
其象而通其理然後立法以求其數則雖未覩前人已
成之法刱而設之若合符契至於探賾索隱推廣古法
之所未備則益遠而無窮也幾何原本不言法而言理
括一切有形而概之曰點綫面體點綫面體者象也點
相引而成綫綫相遇而成面面相沓而成體而綫與綫

面與面體與體其形有相兼有相似其數有和有較有有等有無等有有比例有無比例洞悉乎點綫面體而御之以加減乘除譬諸閉門造車出門而合轍也奚敝敝然逐物而求哉然則九章可廢乎非也學者通乎聲音訓詁之端而後古書之奧衍者可讀也明乎點綫面體之理而後數之繇難者可通也九章之法各適其用幾何原本則徹乎九章立法之源而凡九章所未及者無不賅也致其知於此而驗其用於彼其如肆力小學而收效於羣籍者與同治四年十月

汪雙池先生遺書序 代李雨亭制軍

維宋紫陽朱子承周張二程子之緒而集其大成由博

學審問慎思明辨之功而篤行之本其所得以昌明堯舜禹湯文周孔孟之旨所謂百世以俟聖人而不惑者矣然其時象山陸氏以心學唱為六經注我之說明王陽明因之而變本加厲於是龍溪白沙輩橫決為狂禪以自便其謬悠跛倚空疏淺陋之習

國朝諸通儒出而力矯之義必宗諸古事必徵諸實物極必反固矣乃持之太過者則并朱子而夷諸空談性理之列是未讀朱子書也夫朱子固博極羣書而反之約者也即其於名物度數小有疏失不足為損而世儒欲以其襞積瑣碎者傲之是其未達於朱子學問之本源也蓋有人焉生朱子之鄉志朱子之志以發明朱子

之學而無歉乎朱子者則雙池汪先生是已予觀余大令龍光所撰先生年譜其少年艱苦困乏至於傭工乞食而讀書不輟疾病行旅未嘗少閒年甫三十著述已百萬言乃舉而火之益專力於經訓博綜古今諸儒之義而以朱子爲歸凡背馳於朱子者必辭而闢之其同時有江先生昚齋亦以其學鳴於鄉著書滿家然於朱子之書不能無出入蓋真知灼見心悅誠服未有如先生之尊信者也其守道之篤衞道之嚴埒於陸清獻張楊園而博學則過之蓋先生於書無所不窺自易書詩禮樂春秋孝經四書外若性理諸書音韵格物兵法醫術陰符參同各有論著詩古文辭則餘事爾然當世無

知之者惟大令之祖元遴爲先生入室弟子能傳其學乾隆中嘗獻其遺書於學政大興朱笥河學士請爲之墓表又以先生從祀紫陽書院嘉慶中儀徵阮文達公修 國史儒林傳以先生附江先生傳後道光中大吏始 奏請從祀鄉賢祠夫以先生之力學行誼固無不燿之德然其遺書徒傳鈔於鄉里雖閒有授梓者猶未能大顯於世今李君振英據其祖承超重訂之目謀之於衆以聚珍板先印易經如話易經詮義行世餘將以次印行其二三鄉人爲請全書之序於予予聞同治初大令嘗以先生書質於湘鄉曾文正師師言信爲朱子後一人文正非妄許與者予寡陋不足以知先生然讀

如話詮義兩書發揮本義不侵不畔而又非徒事敷衍益信文正之言不我欺又嘉其鄉人能以先生之尊信朱子者尊信先生因不辭而爲之序他日全書告成以爲先生一家之言用以羽翼朱子俾天下後世知空談性理與撏撦瑣屑者皆無所資其藉口也

書古文尚書攷辨後

二十五篇之僞在今日已坦然明白立異爲高者乃拾冤詞廣聽之唾餘欲翻成案何哉理學家以虞廷十六字爲道統眞傳一旦以爲僞則失其所憑依一也攷證諸儒於僞古文毛舉瘢索身無完膚欲舉東晉以來相傳爲經文者而拉雜摧燒之其事驚世駭俗其言亦失

於過當遂使不平者反脣相稽二也古文泰誓出於民間說見後蓋非完帙馬氏已疑之唐用僞古文作疏此篇遂廢今采緝殘賸以僞易僞文辭詭譎衆論不諧三也逸十六篇絕無師說東漢儒者相傳古文僅有三十四篇連今文泰誓三篇其餘殘篇斷簡十不存二三尹告武成鄭注爲亾其果見與否皆不可攷而諸儒必謂馬鄭及見孔壁全文四也遷固之書但言孔安國獻古文不云作傳孔叢子及王肅私定家語後序始有安國作傳之說皇甫謐帝王世紀輒引五子之歌虺誥伊訓說命泰誓諸篇文又引孔安國注尚書云鳴條在安邑西郭璞注爾雅亦引尚書孔氏傳犬高四尺曰獒云云是僞古文

經傳萌牙皆在魏晉間蓋王肅忌鄭氏名高事事務與
爲敵僞古文經傳孝經僞孔傳孔叢子皆其所創始觀
其私定家語大率勦襲戴記乃反云戴聖近世小儒以
曲禮爲不足而取孔子家語雜亂者及子思孟軻孫卿
之書以裨益之名曰曲禮肅意徒欲暗攻鄭學而遂詆
及本經盜憎主人其情可見乃諸儒攻古文者非專辠
於梅賾卽集矢於皇甫使迴護者反有所藉口五也然
孔疏所謂二十四篇者今已失傳無可攷辨而三十一
篇與二十五篇其文具在平心孰復眞僞自見無庸詞
費至後出泰誓旣缺全篇可存而不論必補綴以充數
則愛古之癖矣此書尊信僞書攻擊閻惠所謂安於所

習毀所不見未必有補於作僞者然其中亦有足以砭
諸君之失寒夜檢閱隨筆糾駮復舉其大略於此呵凍
作字言不成理殊不足令通儒見也咸豐二年嘉平月

附證

尚書百篇

堯典 舜典 汩作 九共九篇 槀飫 大禹謨
臯陶謨 棄稷 禹貢 甘誓 五子之歌 胤
征 以上虞夏書十二篇實二十篇
帝告 釐沃 湯征 女鳩女方 夏社 疑至
臣扈 湯誓 典寶 仲虺之誥 湯誥 咸有一
德 明居 伊訓 肆命 徂后 太甲三篇 沃

丁　咸乂四篇　伊陟　原命　仲丁　河亶甲
祖乙　盤庚三篇　說命三篇　高宗肜日　高宗
之訓　西伯戡黎　微子　以上商書三十篇實三十九篇
大誓三篇　牧誓　武成　洪範　分器　旅獒
旅巢命　金縢　大誥　微子之命　歸禾　嘉禾
康誥　酒誥　梓材　召誥　雒誥　多士　無
逸　君奭　成王征　將蒲姑　多方　周官　立
政　息愼之命　亳姑　君陳　顧命　康王之誥
畢命　君牙　冏命　蔡仲之命　粊誓　呂刑
文侯之命　秦誓　以上周書三十八篇實四十篇
總上凡九十九篇江氏聲孫氏星衍竝據殷本紀謂

咸乂下當有大戊一篇案鄭氏書贊云商書四十篇今據序商書止三十九篇是當有大戊篇乃合四十之數并之爲百篇也僞孔傳析汝鳩汝方爲二以足之非是

伏生今文二十九篇

堯典 皋陶謨 禹貢 甘誓 湯誓 盤庚三篇 高宗肜日 西伯戡黎 微子 大誓三篇今文本有大誓說見王氏經義述聞 牧誓 洪範 金縢 大誥 康誥 酒誥 梓材 召誥 雒誥 多士 無逸 君奭 多方 立政 顧命合康王之誥 粊誓 呂刑 文侯之命 秦誓

古文經四十六卷本出孔壁安國得其書以考二十九篇得多十六又別出康王之誥為四十六也

堯典　舜典　汨作　九共九篇　大禹謨　臯陶謨　益稷　禹貢　甘誓　五子之歌　胤征　湯誓　典寶　湯誥　咸有一德　伊訓　肆命　原命　盤庚三篇　高宗肜日　西伯戡黎　微子

大誓三篇　牧誓　武成　洪範　旅獒　金縢

大誥　康誥　酒誥　梓材　召誥　雒誥　多士

無逸　君奭　多方　立政　顧命　康王之誥

冏命　柴誓　呂刑　文侯之命　秦誓

上實五十八篇武成逸書建武之際亡故為五十七

篇見漢志案今文本有大誓而別錄言武帝末民有得大誓獻之者疑孔壁無之即用今文充數至此始有古文大誓而眞僞未辨又本殘缺馬鄭本注古文其所據大誓即此篇而唐人挾梅賾本爲眞古文故輒斥馬鄭注本爲今文矣

馬鄭注本三十篇

堯典　皋陶謨　禹貢　甘誓　湯誓　盤庚三篇

高宗肜日　西伯戡黎　微子　大誓三篇　牧誓　洪範　金縢　大誥　康誥　酒誥　梓材

召誥　雒誥　多士　無逸　君奭　多方　立政

顧命　康王之誥　柴誓　呂刑　文侯之命

秦誓

以上實三十四篇

逸十六篇
舜典　汨作　九共九篇　大禹謨　益稷　五子
之歌　胤征　典寶　湯誥　咸有一德　伊訓
肆命　原命　武成　旅獒　冏命
以上實二十四篇案孔氏正義云遂有張霸之徒于
鄭注外僞造尚書二十四篇以足鄭注三十四篇爲
五十八篇據此則此十六篇亦依據鄭氏所指逸篇
之目爲之文僞而目非僞也又舉鄭注書序仲虺之
誥太甲說命等見在而云亾其汨作典寶等一十三
篇見亾而云逸以爲鄭不見古文之證孔氏所謂古
文卽東晉僞書不足辨卽此亦可見前所舉十六篇

之目與鄭注所謂逸篇相應夫鄭氏之果見眞古文十六篇否既不可攷而孔氏所謂張霸之徒僞造者久已無傳其果否卽鄭所見亦無從攷辨弟以偏袒梅賾僞書之故并此十六篇之目而詆之是其於孔氏正義猶未孰復也

鄭注緇衣云尹告伊尹之告也書序以爲咸有一德今亾又書疏引鄭注云武成逸篇建武之際亾據此知鄭於十六篇蓋未全見孔氏引鄭注書序咸有一德云伊陟臣扈曰或係殘篇斷簡得諸傳聞其他放此又竊意謂之逸者但聞其存而實未見其書也

漢書孔光傳安國延年皆以治尚書爲武帝博士據

此知安國固嘗以今文尚書爲博士矣史記儒林傳云伏生教濟南張生及歐陽生歐陽生教千乘兒寬寬旣通尚書以文學應郡舉詣博士受業孔安國正與此合又王肅僞撰家語後序亦云子國受尚書於伏生乃二千年後欲以今文爲安國諱何邪

史記儒林列傳孔氏有古文尚書而安國以今文讀之因以起其家逸書得十餘篇漢書同　案起猶發也論語起予者商也皇侃疏謂其家藏逸書以今文讀之而通其句字異同也正義引別錄云民有得大誓書於壁內者獻之與博士使讀說之數月皆起與此起字義同　索隱本出起其家逸書五字句絕不誤舊讀家字絕句夫安國已爲博士何待通古文而起家且其時

古文未立學官亦何能起家王氏雜志以爲與其家法試如其說則下文遂書得十餘篇句文義不接禮記緇衣正義伏生所傳歐陽夏侯所注者爲今文尚書衞賈馬所注者元從壁中所出之古文即鄭注尚書是也案書正義亦云後漢初衞賈馬賈馬不得云後漢初此初字似衍亦傳孔學是孔沖遠未嘗別異衞賈馬鄭諸儒古文於安國今必欲摽而出之何也王肅僞撰家語序子國乃考論古今文字撰眾師之義爲古文論語訓十一篇孝經傳二篇尚書傳五十八篇皆所得壁中科斗本也又集錄家語爲四十四篇案史記漢書但言孔安國傳古文尚書之學並未

言作傳言之自肅始蓋卽肅所撰觀其私定家語全以勦襲成文知僞古文必出其手而又僞撰傳文但時鄭學猶盛故祕不敢出僅微露其萌牙耳然皇甫謐郭璞之徒已漸漬其毒矣

漢志家語二十七篇師古曰非今所有家語然則今所有四十四篇之家語非古也近世仁和孫氏志祖作家語疏證以糾之海甯陳氏鱣以爲如盜之獲眞贓又其所僞古文論語訓孝經傳攷之漢志及儒林傳皆絕無景響孝經邢疏引司馬貞已疑之論語訓之見引於集解者嘉興沈氏濤亦辨其僞託然則肅之私衷今皆敗露矣

隋書經籍志漢武帝時魯恭王壞孔子宅得其末孫惠所藏之書字皆古文孔安國以今文校之得二十五篇其太誓與河內女子所獻不同又濟南伏生所誦有五篇相合安國並依古文開其篇第以隸古字寫之合成五十八篇又爲作傳會巫蠱事起不得奏上私傳其業于都尉朝朝授膠東庸生謂之尚書古文之學而未得立後漢扶風杜林傳古文尚書同郡賈逵爲之作訓馬融作傳鄭玄亦爲之注然其所傳惟二十九篇又雜以今文非孔舊本自餘絕無師說晉世祕府所存有古文尚書經文今無有傳者及永嘉之亂歐陽大小夏侯尚書並亡濟南伏生之傳惟

劉向父子所著五行傳是其本法而又多乖戾至東晉豫章內史梅賾始得安國之傳而奏之案史遷親從安國問故而但稱安國以今文讀之云云班固與校中祕其言與史同至敘壁中古文史漢皆不云何人所藏乃作隋史者又後數百年生而獨知其得二十五篇又獨知其爲孔惠所藏史記孔子世家敘伯魚至鮒凡九世鮒弟子襄爲孝惠博士家語序子襄以秦法峻急壁中藏其家書據後序子襄名騰不名惠蓋因爲孝惠博士而誤也奇矣杜林桼書賈逵所訓馬鄭所本范史謂之古文無異辭而此獨云非孔舊本自餘絕無師說夫旣絕無師說矣而東漢大儒未見古文西晉諸儒亦無昌言之者直至東晉突出梅賾得而獻之此其隱

顯之交何所依據乎乃書正義引晉書則言之矣曰晉太保公鄭沖以古文授扶風蘇愉愉字休預預授天水梁柳柳字洪季季授城陽臧曹曹字彥始始授汝南梅賾字仲眞爲豫章內史遂于前晉奏上其書而施行焉蓋僞古文淵源莫詳於此然鄭沖歷事魏四君官爲三公文帝既好文學高貴鄉公講尙書沖執經親授何以祕不進獻其論曰若稽古竝未述及孔傳又嘗與何晏共成論語集解於所引逸書亦未援及古文此可信邪梁柳皇甫謐姑子見謐傳據疏引晉書言謐於梁柳邊得古文尙書故作帝王世紀往往載五十八篇之書云云今帝王世紀已佚就他書

所引頗用古文說蓋王肅創之無識之徒祕爲鴻寶又互相增竄其情僞灼然顧以之誣鄭沖則自取敗露矣

隋志上云晉世祕府所存有古文尚書今無有傳者下云至東晉豫章內史梅賾始得安國之傳奏之明是經傳同獻疏引晉書上云鄭沖以古文尚書授扶風蘇愉下云梅賾遂奏上其書明指古文并不言傳矣而毛大可以爲賾所獻止孔傳於以迴護古文抑何疏忽

班志古文經四十六卷云今五十七篇蓋武成逸篇建武之際亾故也今梅賾所獻五十八篇儼然有武

成不問民間之獻其失而復得果在何時

書戴氏注論語後

此吾友德清戴君子高所箸也注文簡古頗有漢儒遺意然公羊解經已多乖剌邵公申傳益覺煩苛劉中受乃述之以説論語自鳴其專門之學君復踵而加厲穿鑿影射成此一編意將傾紫陽而下之亦太不自量矣璿璣自為黃極而誤注北辰大辰自合無射而誤云夷則此不講律秝之過至泠州鳩所言三所自指辰次而以釋雅頌各得其所之所則承江子屏樂縣攷之謬也凡古書題某氏注多出自其門人尊師之辭亦有後人題者今自偁戴氏失未思爾中如引昭二十五年秋七

月季辛又雩傳證樊遲從游舞雩之問引閔元年夏五月吉禘于莊公傳證宰我三年之喪之問似得其事理此類當平心取之不可一概擯棄烏乎子高往矣如子高之勔於學者能幾人哉同治十二年夏四月

唐寫本說文解字木部殘卷箋異跋

唐寫本說文木部殘秩於全書不及百分之二而善處往往出今本外其傳在鉉鍇前無疑金壇段氏注許書補苴糾正多與闇合益知段學精審而此秩可貴獨山莫子偲氏得此爲抉摘同異疏通證明發前人所未發湘鄉節相題之授工精槧至寶在人世不可終揜宓矣文虎嘗預校勘復承節相命紀以詩意未盡輒刺其瑣

瓨質莫君榁从屋屋亦聲以榁形如屋不專取諧聲二徐脱屋亦失許意牀安身之坐也鉉本坐者玉篇牀身所安也與初學記御覽引身之安也違一字雖不與唐本同可證不得有凡錯乃誤衍梳理髮者也釋義已足篇韵二徐失者字段以意補所以贅拾江浛切篇居業公荅渠業韵古沓巨業皆一聲鉉切胡甲非櫓讀若驪駕鉉有錯無段據玉篇枇櫓梴連文謂淸支合韵思漬所梗固聲相轉驪不同部又不同聲嫌迂遠錢少詹讀驪如灑益矯强竊疑此四字當在枷下工亞切乃椸枷之枷正合駕音二徐枷下失工亞錯又以驪駕不合櫓音删之昧其爲錯簡也梧一䵣也今本及篇韵皆無一

一醫無義匸部醫小桮也則桮爲大醫疑有脫畫案音
旦失上紐廣韻於旦此當同几屬下也篇韻皆有今本
失之欙从木畾畾亦聲以欙刻雷形義乖聲鉉脫畾亦
誤如楃楕他果與廣韻三蒼合玉篇敕果取類隔鉉徒
果輕重微別梲工用梲止音爲節鉉本所以止音段改
以止作音疑止卽作字古多以乍爲作止乍形近而譌
不煩增改檛音戈讀若過鉉乎臥切段云當依篇韻古
禾是矣而刪讀若過三字豈念過亦古禾切郭又篇韻
皆云車盛膏器唐本今本無車字疑傳寫失之機海中
大船也唐韻引同二徐脫也析从木斤會意非諧聲鉉
斤上多從猶可通錯作斤聲謬柩多乂近與篇韻合梲

下短韵胡管同鉉音胡本疑涉梱而誤槱音酉鉉余救
篇余紂韵兼收上去周禮大宗伯槱燎釋文羊九詩棫
樸槱之釋文弋九是古人多讀上聲蔧音息芮鉉及韵
皆祥歲篇爲綴才芮二切又音歲與息芮合惟楷鉉及
篇韵皆紐沃部此切古屋獨異肰求之古音實不背也

書王船山說文廣義後

此書原本許氏推明其引申叚借之所由以糾正世俗傳寫失眞承譌襲謬之敝有精確不磨者惟古人於形聲之字或兼取其義或祇取其聲之近形之似而無義之可尋叚借一類其塗尤廣必欲字字求其所以肰則鑿矣至於一字也而虛實異用輕重殊音經師口授必

有分辨及傳之簡策不得已而出於譬況云讀若某字讀如某字後世又不得已而圈發四聲以別之固非四聲之所能盡學者姑循其迹空以意會若竟廢此豈能叩宋莫以求音乎王氏於此未免矯枉過正又未見說文原本所據者坊刻五音韵譜舛誤百出頗受其蔽然明一代八股爲說文之學者先生始爲之至我　朝通儒輩出講論益精而其論發之王氏功固不可沒云

書張刻玉篇後

朱錫鬯序稱借得宋槧上元本于毛氏汲古閣張子請開雕焉又云孫氏玉篇雖非顧氏之舊然去古未遠猶愈于今之所行大廣益本玉篇也是朱意以此爲孫自

强本也今以曹楝亭刻本互校脱落舛誤皆無少異其同出無疑惟彼本每卷首有大廣益會四字此本止原序前一見謂是書賈作僞以充上元本則何爲猶存其跡且每卷悉去四字則首葉必皆鈔配何毛朱兩君更不致疑且據卷末張跋明知其爲大廣益會本而兩君反不能辨盖毛君本收藏家以苟得爲喜錫鬯晚年見所未見亦不暇細審耳同治癸酉三月十日文虎識

書曹楝亭本類篇後

類篇序不箸撰人名姓據欒城集知爲子由代范景仁作序言景祐中諸儒始受詔爲集韻之書與集韻韻例所言合而集本作天聖中又所述九例集本止有八無

未條不知孰是不可貴得於集韻貴字當從集本作責故待天下之物使處當從集本作使各有處三曰賓之在艸賓字集作叟則彼誤也二曰天一在年一在員年當作先則兩本皆誤子由文難得如此簡括益極用意之作

類篇以偏旁爲綱以韵爲目頗便檢尋每字下引許洨長語必冠以說文字而時復失之集韻亦然蓋纂非一手例難畫一至於錯亂顛倒衍文脫簡蓋不能免此亦傳刻舊書之通病也

校栞史記集解索隱正義札記跋

史記自漢已殘缺竄亂迄今又千數百年展轉傳寫積

非成是葢有明知其誤而不能改者矣裴氏集解序稱采經傳百家幷先儒之說豫是有益悉皆鈔納今史文之下箸注寥寥大非完帙惟索隱有汲古閣單刻所出正文每勝通行之本然其注改宋本大字爲小字頗有混淆又或依俗改竄反失小司馬之眞張氏正義僅存於南宋以來之合刻本删削既多舛誤彌甚三家注又有互相重複錯亂者先是嘉興錢警石學博泰吉嘗彙校各本歷三十餘年點畫小殊必詳記之烏程周縵雲侍御學濬借其本過錄擇善而從同治五年請於署江督肅毅伯今相國合肥李公以屬學博高弟海甯唐端甫文學仁壽覆校付棐及明年春相侯湘鄉曾文正公

自淮北回金陵命文虎同校文虎與侍御及唐君議以新栞史文及注皆不主一本恐滋讀者疑請於栞竣之後附記各本異同及所以去取意文正領之七年冬公將移任畿輔命凡已刻之卷有宜改者隨時剜補以是至九年夏始克印行乃屬稾爲札記是年冬公復任江督文虎以先成稾二卷呈公以爲善去冬旣蕆事請公序其簡端公命先以札記授梓氏幷附述緣起於末烏乎孰意寫未竟而公薨不及爲之序乎所記異同大半取資於錢校本其外兼采諸家緒論則梁氏志疑王氏讀書襍志爲多文虎與唐君管見所及不復識別其有偶與前賢闇合者悉歸之前賢以避攘善之譏餘例散

見記中限於聞見不免挂漏有志於校史者以此爲質
而益精攷之以成善本庶有當於兩爵相嘉惠來學之
意云

書漢書儒林傳後

此傳系述諸儒師法源流使千載以下見西京學術各
有授受則後世獨學無師鄉壁虛造者可廢然返矣班
氏言罔羅放失兼而存之是在其中夫守一先生之言
則門戶之爭起兼治衆說則鶩廣而師法亂好學深思
折衷一是非命世大儒其孰能與於斯而蒙別有所感
焉自孝武始置五經博士開弟子員凡成業以去者或
由吏游升大官至鄉相於是天下向風爭趨祿利儒學

之盛以此而徹亦伏焉趙賓之說其子張霸之造百兩
孟喜之談陰陽災異而詭託於田生當時卽有挾新奇
以自衒者王臧趙綰得罪於太后比之新垣平固深文
曲詆然充祿利之徹何所不至哉轅固之言曰務正學
以言毋曲學以阿世固讖中錚錚矣若谷永之儔鄭寬
中斯儒者之極則也

跋兩京新記

唐韋述兩京新記五卷全書已佚日本入刊其弟三卷
於佚存叢書闕文譌字甚夥玉海十五引館閣書目云
新記韋述開元中撰西京始於開皇東都起於大業皇
朝宋敏求演之爲長安志今考長安志十自興福寺注

以下即韋記第三卷之文而增廣之其譌脱處可互相校補又御覽廣記玉海所引韋記文見於長安志者太半然則韋書已全具宋志而特删其神怪事又不言所自日天瀑乃謂中國撰箸惟雍錄七修類稾嘗一及之其他無見何其陋也

校栞大學衍義跋 代李雨亭制軍

宋眞文忠公大學衍義以格致誠正修齊爲綱而各隸史事於下爲之目其不及治平者葢以此六者爲爲治之要爲學之本篇首已自言之明巨濬不識箸書之意而續之亦贅矣或謂文忠遭理宗崇儒重道由侍從至參政不爲不達而朝有姦佞外有强敵國勢日促而無

所裨輔陳同甫有言今世儒士自以爲得正心誠意之學者皆風痺不知痛癢之人得毋類是乎曰否否不然史言文忠立朝不滿十年奏疏無慮數十萬言皆切當世要務由此攷其世其在甯宗朝疏請勤訪問廣謀議明黜陟蒙古再圍燕疏言君臣上下皆當以祈天永命爲心又言當乘虜之將亾亟圖自立之策以忍恥和戎爲福以息兵忘戰爲常女眞尚存則用之女眞強敵更生則施之強敵此苟安之計也其出爲江東轉運副使朝辭奏五事曰宗社之恥不可忘比鄰之道不可輕幸安之謀不可恃導諛之言不可聽至公之論不可忽其在理宗初奏乞收人心三事皆深中時弊烏可謂之不

知痛癢乃以言濟王事慍于羣小落職端平元年十月始由福州內召進講大學衍義復申祈天永命之說於時政多所論建明年三月有參知政事之命已得疾矣力辭不拜後兩月而卒蓋理宗雖尊信道學而內溺於豔妃外熒於姦佞不免偷安而忌寇故文忠切切以誠正修齊爲治平之本而當時方大琮輩亦多以女寵侈費爲言然則所謂崇儒重道者徒文具耳史彌遠死而文忠始入首尾僅八閱月然觀魏文靖與文忠同召亦祇半年遂遭眾忌以出卽使文忠不死豈能大用哉夫用其人而違其言則孟子之爲齊客卿亦不爲不達矣明陳仁錫刻大學衍義妄自删改　國朝孫文定公亦

就陳本校刊稍有是正猶非完袟今以集本爲主有漫
漶可疑者參之兩家其兩可者仍之志慎也旣蕆事輒
述其平昔所持論如此

書太白陽經後

唐李筌僞撰陰符經託於黃帝蓋原本道家而襍以刑
名兵法之說者後作太白陰經復卽陰符之餘緒而引
伸之其表云太白主兵爲大將軍陰主殺伐故用兵而
法焉名書之義如此乃有妄人不解此義別造太白陽
經二十四篇其首論將選將立將九地四篇大抵拾筌
之唾餘第五篇以後遂泛濫於時日占候醫藥祈禳之
術亦有數處與陰經複見者自述大歷中至廬山得神

授祕密眞訣田悅作亂每占得失云云然諸家敘錄不及陽經惟明文淵閣書目箸一部一冊闕或疑元明閒人詭託固未可知要之陰符緣起於蒿少陽經託始於匡廬尤而效之每下愈況又何怪焉

跋寶祐四年會天秝

此書幾經轉寫脫落舛誤不一而足日出入刻分與晝夜長短往往乖離今略爲校正不暇一一論也檢宋志湻熙十四年國學進士石萬言湻熙術立元非是氣朔多差冬至晝四十刻極短夜六十刻極長乃在大雪前二日所差一氣以上自冬至以後晝當漸長夜當漸短今過小寒晝猶四十刻夜猶六十刻所差七日有餘夏

至晝六十刻極長夜四十刻極短乃在芒種前一日所差亦一氣以上自夏至之後晝當漸短夜當漸長今過小暑晝猶六十刻夜猶四十刻所差亦七日有餘晝夜各五十刻又不在春秋分之下至日之出入長短有漸今增減一刻近或五日遠或三四十日與日行常度無一合者按據石所言淯熙術之疏謬如此今此書所注晝極長在芒種前一日晝極短在大雪前一日小暑過二日晝六十刻猶未減小寒過二日晝四十刻猶未增晝夜平分在春分前五日秋分前一日其增減刻分或三四日而差一刻或三十餘日而差一刻適與石所舉合夫自劉孝榮淯熙術後一改而行會元術再改而行

楊忠輔統天術三改而行鮑澣之開禧術四改而行李德卿淳祐術五改而行譚玉會天術而其疏謬如故蓋誠如石言南渡以來渾儀艸創不合制度無圭表以測日景無機漏以定交食加時然則所謂改憲者抑亦意爲增減粉飾面目以求倖售旨甚可笑也老友蔣劍人以此屬校其長短至各差十六日金嵎谷跋謂鈔胥之誤今攷之知其術誤因記於後

乾坤體義跋

道光庚寅秋杪薄游平湖得此於錢夢廬叟蓋舊鈔本伏讀　四庫全書提要乾坤體義本二卷而此有三卷以五帶九重四元行諸條爲上卷日月薄蝕出入暎蒙

諸條爲中卷其下卷全錄圓容較義一字不易與提要所舉以邊綫面積楕圓互相容較者邈不相合若果如此則　四庫何以兩收其書又本書中卷論圓徑求周法注云下卷四題今下卷無之疑元本缺下卷作僞者以李氏書羼補然阮相國疇人傳利瑪竇傳所引乾坤體義與此本同乙未秋在西湖敬觀　文瀾閣本亦如此不可解也

書梅氏方程論後

梅氏方程論主於同減異并以歸畫一或乃以古法難之未知其意爾李雲門尚書論同異減并之法致爲詳盡而語多膠葛或滋後學之疑愚更以數語括之曰凡

同異減幷必視首位首位必主減盡首位同名者同減異幷異名者異減同幷其減餘一行與幷入一行皆爲正負無人如以有數之行移補者同減異幷則正負互易異減同幷則如故古人立術槪此矣

書梅氏秝算書西國月日攷後

西人本無所謂月也據其書以一歲三百六十五日奇分爲十二節每冬至後十日爲立耶穌聖名節爲弟一節首日以後凡弟一弟三弟五弟七弟八弟十弟十二節皆三十一日弟二節二十八日餘皆三十日每歲如是惟遇子辰申年則弟二節閏一日爲二十九日其所閏又不在末日而在瑪弟亞瞻禮之前一日瑪弟亞瞻

禮者乃其弟二節之弟二十四日也又其所謂立耶穌
聖名者亦有進退或冬至後十日或十一日大要以太
陽入丑宮十度後爲準故或疑其以太陽至高衝爲歲
首然梅氏此攷引康熙丁卯瞻禮單十一月廿八癸卯
日應西秝正月初一日日在丑宮十度二十分康熙初
高衝過冬至七度未至十度可知於高衝無與矣而近
年英國書館所刻中西通書凡例謂泰西諸國以二十
四氣之日分爲十二月冬至後十日或十一日爲元旦
每年自元旦至除日晝夜長短氣候寒暖日日相同似
亦以日至高衝爲元旦者然日至高衝有蚤晚其前後
日晝夜永短卽不能無微差若夫愆陽伏陰何時蔑有

而謂氣候寒暖日日相同吾未敢信[梅氏謂西國以建子之月爲正月又云正月一日日在斗五度今攷之皆不然]梅氏據崇禎秝書所援西國月日謂自漢順帝永建丁卯距明萬秝甲申千四百五十七年相差十二三度卽歲差之行案以歲差東行五十一秒[續儀象考成改定五十二秒]計之千四百五十七年應差二十度三十八分有奇何止十二三度又自康熙丁卯至咸豐六年丙辰凡百六十八年應差二度二十二分奇而丙辰中西通書西月宮度與丁卯瞻禮單一一符合以較秝書所引漢順帝時西月止差一度或二三度而止亦有同度分者獨萬秝甲申至康熙丁卯百有三年應差一度三十四分奇而

秝書所引日月差至八九十十一度不等此不可解要
之於歲差高行皆無與也歲差亦斷非平行
書潛研堂集後
荅問一條云統天推上元甲子歲天正冬至戊子日戌
正二刻以授時術推之則在己丑日寅正二刻相差有
四時之多案以紹熙甲寅距上元甲子三千八百三十
年加下距至正辛巳八十七年合三千九百十七年乘
歲周餘分五日二四二五得二萬五百三十四日八七
二五再以授時長分三十九乘距算得十五日二七六
三丼之得二萬五百五十日一四八八減氣應五十五
日〇六餘二萬四百九十五日〇八八八滿紀法去之

餘三十五日○八八八轉減紀法餘二十四日九一一
二命起甲子得戊子日亥初三刻較統天僅後五刻有
奇安得有四時之多

書夢溪筆談後一

宋志夢溪筆談二十五卷通志二十卷惟文獻通考云
二十六卷與今本合世又別行補筆談二卷續筆談一
卷見商氏稗海明馬元調合刻本以補筆談所標卷目
至三十卷且不合原書篇第徑刪去之悉依原書十七
目分類卽此本也　四庫全書提要疑括初本實三十
卷後定爲二十六卷乾道二年湯修年校刻相承至今
而所謂補筆談續筆談者或稾本流傳藏弆者欲散附

各卷逐條標識所據仍三十卷之初本故所標有二十七卷三十卷之目按此說似矣而猶未盡今以稗海所錄補筆談原本證之不御前殿以下十條皆故事類云補弟二卷廊屋爲廡以下十二條皆辨證類云補弟三四卷興國中條樂律類云補弟五卷皆適符今卷至子午屬庚條與卷五六十甲子納音條爲類而云補弟六卷十二律每律名用以下十一條皆樂律類在卷五六而云補六七卷是樂律分五六七三卷也十月遇壬條海潮條秝法以下七條禨出於卷七八象數一類而云補弟八弟九弟十等卷是象數類亦分三卷也王沂公以下四條皆人事類在今卷九卷十而云補十一及十

三卷王子醇以下六條皆權智類在今卷十三而云補十五卷李學士以下五條皆藝文類在今卷十四至十七而云補十八卷兵車制度以下三條皆器用類在今卷十九而云補二十卷韓魏公以下二條皆異事類在今卷二十一而云補二十三卷宋景文條譏謔類在今卷二十三而云補二十五卷吳道子以下十條益襍志類在今卷二十四五而云補二十六七八卷自莽草以下十五條皆藥議類在今卷二十六而云補二十九三十卷皆迴與今本不同按今本所分十七目多有可議者二十四五卷諸類雜陳然名爲襍志可無論他如樂律類海州士人條當入藝文人事類寇忠愍條當入權

智貢舉八條當入故事藝文類書之闕誤條音韻之學條王聖美治字學條史記年表條切韻之學條稟與棘條書畫類古文已字條鯉魚條繆誤類竹箭條瓦松條車渠條竝當入辨證譏謔類司馬相如條當入辨證或繆誤辨證類陽燧條解州鹽澤條藝文類王聖美爲縣令條幽州僧行均條技藝類賈魏公條當入襍志技藝類鍾乳石芎藭二條繆誤類段成式條當入藥議又李溥條當入官政技藝類散筆作隸條當入書畫神奇異事二類往往相涉人事官政二類可互易者數條象數類中術數祘法易卦運氣前後錯出都無倫次竊意當日隨筆紀述略依類比屬爲三十卷時自增刪未有定

本故多寡不一妄人得其一本橫分十七目爲二十六卷湯修年見而刻之昭文張氏謂二十六卷之目未必眞出自存中手訂是也而别本逸出猶存三十卷之舊好事者更欲以餘稾分補遂於各條標識卷第以類相從觀補筆談所標但有卷目不言某類可知原書本未嘗分類矣今本卷五樂律一凡二十三葉卷六樂律二僅四葉何不幷爲一卷卷十四藝文一凡八葉卷十五藝文二凡九葉卷十六藝文三僅二葉何不幷爲二卷分卷如此極爲無謂又可知非箸書人原帙也補筆談十二律幷淸宮一條與今本卷六弟四條止數字不同其子午屬庚條首又一說云明承原論納音條來餘亦

多有與原書複見者然則當日增删未定多寡不一流傳槀本各有不同無疑也而馬氏乃輒據今本删其卷弟分隸十七目又區子午屬庚一條爲象數王沂公以下四條爲官政宋景文條爲襍志則并失原分十七目之意斯不謂之無知妄作可乎沈氏原書既不可考今本獨行惟當與補筆談各存其舊愼毋以意編纂使古人胡盧地下也

書夢溪筆談後二

趙與時賓退錄云廣陵所刻夢溪筆談弟十八卷積罌之術注中又倍下長得十六當作二十四倂入上長得四十六當作二十六士大夫知算術者少故莫辨其誤

漫記之按趙氏所據卷數錯誤並同今本又云廣陵所刻蓋即湯修年刊於揚州者也檢湯跋備證辨訛外凡五十餘字疑者無他本不敢以意驟易姑仍其舊然則此書之譌謬相因其來久矣今以馬本弟十八卷算術條勘之猶不止如趙氏所舉塹堵法云併上下廣折半以爲之廣以直高乘之又以直高爲句以上廣減下廣餘者爲股句股乘弦以爲斜高此尤謬誤當云又以直高爲股以上廣減下廣餘者半之爲句句股求弦以爲斜高積罌術注先以上二行相次率至十二當十二行也當作當十一行也以上廣乘之得二十二當作三十二併二倍及下會圓術注退上一倍倍皆當作位以高

乘之得二千七百八十四當作三千七百八十四此條
微波榭刻十種算經曾採附數術記遺之後孔葓谷非
不知算術者亦仍其誤何與其他脫文譌字前後誤連
諸本相埒昭文張氏刻本雖依稗海而以意改竄尤多
可笑補筆談一補弟四卷十件其弟六條古八謂章句
之學以下至亦不可不謹當別爲一條馬本不分則止
九件張本橫析書曰成湯既沒以下別起以足其數則
本相連者忽斷而應斷者仍連也補筆談二補弟十卷
後七件馬本脫去五辰條張刻又以五辰條合下五運
六氣條爲一而割素問以下別爲一條尤爲續鳧斷鶴
存中書考論精博大有資于觀覽予再三研摧似勝俗

本安得好事者重刊以質同有昌歇之嗜者

書夢溪筆談後三

存中於秝算確有所得其隙積會圓二術可補古法所無其論漏刻盈縮謂冬至日行速天運已（當作未）朞而日已過表故百刻而有餘夏至日行遲天運未（當與下已字互易）朞而日已至表故不及百刻亦甚近理蓋日在最卑右旋之度見速則赤道度見遲日在最高右旋之度見遲則赤道度見速此百刻之所以有盈縮也然今西術亦略而不言豈以所差甚微與其論秝家氣衰每日消長常同至交一氣則頓易刻衰故黃道有觚而不圓蓋古法麤疏約加限度進退不以漸則平行而成等邊之形

有觚不圓職是之故又謂黃道環天正圓循之則其體至妥絕之則有舒有數以圓法相盪而得衰則衰無不均以妥法相盪而得差則差有疏數相因以求從相消以求負從負相入會一術以御日行所言尤爲入微當爲郭瀛臺平立定三差所自出惜其術不傳至欲以十二氣爲一年不用閏月則於古聖王敬授民時之意大相背謬夫十二月爲年從月也二十四氣爲歲從日也周官正歲年以序事各有所當竝行不悖存中所論即回回西洋閏日之法而施之中國可乎存中又旁通樂律筆談所述往往可見唐宋遺制其紀二十八調殺聲與姜白石歌曲張玉田詞源相證七角調每加宮前一

聲出本均七聲之外卽宋史樂志所謂俗又於七角調各加一聲流蕩忘返者也其謂樂中有敦掣住三聲一敦一住各當一字一大字住當二字一掣減一字敦卽詞源所謂頓敦掣住卽今唱家板眼一掣減一字卽詞源所謂反掣用時須急過也此非明於聲律者不能言乃指霓裳羽衣爲道調曲致爲王晦叔所譏又以琴弦惟十三汎韵爲正聲似又不知琴音不盡當徽者何與

東園叢說跋

東園叢說上中下三卷昔從　館本鈔出琹入指海弟三集頗有脫誤處無從補正姑仍之頃韓綠卿中翰眎我新得滂喜園藏本中有姚舜咨印記黃蕘圃跋信爲

舊鈔本共上下兩卷其下卷卽栞本之中下二卷與上卷卷袟相若不知何以中分末有判府吳大卿劉子則栞本所無每葉十八行行十八字劉子一葉亦十八行行十六字末題朝請大夫知舒州軍州事吳宗旦劉子書中於匡字貞字桓字姤字音同構避作康作正作亘作遇又於太宗仁宗高宗及朝廷上意等字皆提行或空格劉子亦有提行處當是宋本原式惟籌邊圖係國家祖宗句誤連蓋彷鈔非影寫故中亦不免脫誤也然以校栞本則賴以補正者甚多大者如下卷執中無權之說浚井焚廩孟子辭齊王以疾而出弔三條栞本蓋以其駁孟刪去其月蝕衝土王氣候三條栞本脫去中閒

十八行而以氣候條後半節接月蝕衝條前半節聯合爲一非舊鈔本則不復可讀矣案李如篪仕履無聞惟據自序知爲括蒼人（宋時未置括蒼縣蓋居括蒼山也）而官桐鄉丞又據三江條而知其嘗爲通州酒官宋無桐鄉縣觀其於吳劉子題判府大卿而吳偁李爲知丞議郎是時桐城屬舒州疑桐鄉當指桐城吳爲知州州丞乃屬官故相偁謂如此而其式用劉子也正德崇德志載李爲崇德人攷今桐鄉本古崇德縣地豈因桐鄉丞而致誤乎然志言李字季牖未見它書又言所箸有東園叢說及樂書則又與劉子中樂本一語相合必有所據豈李晚遷崇德邪抑其子孫遷居崇德而并以其祖爲崇德人邪又

李自序題紹熙壬子周庭筠跋題紹熙甲寅琹本誤熙爲興或據之謂壬子爲紹興元年甲寅爲紹興三年而書中載有紹興六年後事及偁高宗廟號且語孟合偁不似南宋初語北辰一條似曾見集注其論渾天亦似歐羅巴入中國後語遂疑爲近人僞託案紹興元年乃辛亥非壬子三年乃癸丑非甲寅紹熙三年壬子五年甲寅上距紹興初凡六十年書中坡詞條明載其父與王子家同直祕閣語東坡卜算子詞事在紹興三年云其言三蘇事甚多愚幼小不能記憶可知著書作序不在其時明乎紹興乃紹熙之誤則又可知李與朱子同時朱子論孟集義序作於乾道壬辰李或曾見其稾且

北辰之說發於祖暅之何必集注蓋天即渾天之說發於崔靈恩何必歐羅巴觀其論地深厚之數及天地之形二條於地圓之理全未解得必非曾見歐羅巴書者蓋總以熙與一字之誤不及致詳生諸轇轕耳今既得校補渙然冰釋漫識卷尾以復於韓君見舊鈔本之可貴如此願韓君寶之也長至前三日

跋浪語集

同治癸酉瑞安孫琴西廉訪將移任皖江以此集見詒薛艮齋於永嘉諸子中尤矯矯其學主於實事求是坐言起行非空談性理自託程朱者所可同日語惜乎早逝未竟其用也廉訪公子仲容孝廉校訂精審間別有

札記未栞予檢弟十三卷有八陣圖贊幷序其三十二卷又重出之惟新都作廣都則陣形雖八作維八餘皆相同據後跋乃其從孫師旦所編何疏忽乃爾未知札記中曾及此否四月十六日是夜月食甚時正如初四五夜月亘

書曹集銓評後

山陽丁君儉卿所編曹集銓評昔歲馬端愍公嘗以屬洪琴西觀察觀察以爲私家箸述弗應及曾文正公自直隸再任江南劉君恭甫乃始終成之魏武諸子固以陳思爲最賢然謂其嗣位能遠過子桓未敢必也其太和二年求自試表見錄於昭明讀者每偁之顧當曹仁

被圍魏武欲遣往救爲子桓所忌逼醉以酒使不能受命況此時而能授以兵柄乎其自憤抱利器而無施乃不知正以此遭忌可謂智乎舊集久佚今本皆後人綴緝而成丁君復爲之增纂偶記豳風東山詩正義引陳思王螢火論曰詩云熠燿宵行章句以爲鬼火或謂之燐未爲得也天陰沈數雨在於秋日螢火夜飛之時也故云宵行然腐草木得溼而光亦有明驗衆說竝爲螢火近得實矣云云此條未采恐所緝尙未盡也

書遺山樂府後

昔歲華亭張梅生嘗校刊遺山樂府五卷所據鈔本題爲何義門校然譌脫百出誤者未盡校校者又未必然

因別爲訂誤一卷而卷一諸長題原本脫去僅鴈邱詞雙蕖怨邁仙樓三題從詞綜歷代詩餘詞苑叢談錄出附訂誤中又采其漏載爲補遺一卷刊甫竟而梅生病没予爲作序印行其後復從友人轉借得一鈔本譌脫及校語與前本無異而諸長題具在乃悟前本乃鈔者苦繁刪卻耳因亟爲補錄又從錦機集花艸粹編敬齋古今黈山堂肆考諸書搜采異同彙入訂誤付梅生後人重刊之未印行而遭流寇之禍板片悉燬予所存本亦失去矣今年來皖於李王叔處檢得印本卽予所轉贈者愴然如對故人吟玩不盡頃華君若汀出舊藏鈔本見眎亦題何義門校與予後所借得者大略相同惟

多補遺一卷然弟五卷末朱筆跋語尾已剝落不知其姓名又據所偁趙清常自記從各書采錄補遺如其數當有四十首而今只二十三首又複出其三祇二十一首則此又非跋者所見本也卷中校訂殊鹵莽竊意義門卽疏於詞亦不至如此恐是託名又憶盧學士抱經堂集遺山詞跋言五卷本爲錢唐淩雲翰所編而此跋謂趙清常所藏淩本僅數十闋以爲淩未見五卷本則更謬矣鈔本脫爛不可讀爲依刊本補全別有訂正處及可疑者揭於眉上他日有重刻者宜知所審擇云

跋花草粹編

此編大致以花間草堂爲主益以樂府雅詞天機餘錦

梅苑及各家詞集旁采詩話襍記叢談小說閒亦附箋本事其取材甚博足資泛覽惟弟九卷錄董穎薄媚西子詞本出雅詞起排徧弟八次弟九次弟十攧次入破弟一次弟二虛催次弟三袞徧次弟四催拍次弟五袞徧次弟六歇拍次弟七煞袞前九段依吳越事敷衍未以王軒遇西施事作餘波如今曲散套其排徧攧入破虛催滚徧催拍歇拍煞袞乃曲中節拍緩急疏密高下換調之㑹如今曲亦有引子過曲賺犯煞尾等名各有次弟不可淩亂乃謬以入破居首排徧次煞袞之後文義倒置實不知而作至其決擇之不精校訂之疏舛或名或字或别號之體例厖襍此明人書籍通病無足怪

也

書清芬集後

明歸熙甫以女子未婚守志爲過禮近世江都汪容甫復作議以佐其說甚哉二君之不知禮也古聖人緣情以制禮度夫中人所能行者箸之而不責以卓絕過高之行此禮之所以通於天下萬世也然其中有隱微疑似之閒不能顯箸之令者則以俟知其意者之善擇焉哀公問於孔子曰禮男必三十而有室女必二十而有夫也豈不晚哉孔子曰夫禮言其極也不是過也男子二十而冠有爲人父之道女子十五許嫁有適人之道推此則禮文之不可泥明矣是故三年之喪禮也世有

若劉瑜之服除二十餘年布衣蔬食常居墓側者君子不以爲非也不能食粥羹之以菜有疾飲酒食肉禮也世有若張敷杜栖隱之不食鹽菜哀毀傷生者君子不以爲非也師沒心喪三年禮也世有若子貢之三年以外築室獨居者君子不以爲非也汪踦殤也能執干戈以衛社稷則喪之如成人君子亦不以爲非也若如二君論則玆數子皆可議矣且二君所執者曾子問之文也其文曰既納幣有吉日壻之父母死已葬致命女氏曰某之子有父母之喪不得嗣爲兄弟使某致命女氏許諾而不敢嫁壻免喪女之父母使人請壻弗取而後嫁之夫其不敢嫁者正以女已許人而重之也壻弗取

而後嫁而不責以堅守者所謂度中人所能行也而後嫁者難辭也又曰取女有吉日而女死壻齊衰而弔既葬而除之夫死亦如之注曰女服斬衰夫斬衰何服也服以斬衰則儼然其夫矣而不責以守節者亦度中人所能行也設於時有矢志不嫁或以身殉或願事舅姑者君子亦悲其情而許之而容甫氏乃比之齊楚之君死魯衛之臣號呼而自殺則必爲狂易失心之人烏乎是何言也昏禮納采主人筵于戸西西上右几注曰將以先祖之遺體與人故受其禮於禰廟曲禮女子許嫁纓注曰女子許嫁繫纓有從人之端也許嫁之初其重如此而比之魯衛之臣於齊楚之君其不爲狂易失心

之論乎昔者齊侯之女嫁於衛至城門而衛君死保母曰可以反矣女不聽遂入持三年之喪弟立請同庖女不聽衛愬于齊齊使人告女女作詩曰我心匪石不可轉也我心匪席不可卷也見列女傳蓋本韓詩說又衛女嫁于齊太子中道聞太子死問傅母曰何如傅母曰當往持喪喪畢不肎歸終之以死見樂府詩集引揚雄琴清英此二女者豈不知有既葬除服之禮哉矢志不嫁節著千載容甫又將比之魯衛之臣號呼而自殺乎高子問於孟子曰夫嫁娶者非己所自親也衛女何以得編於詩也孟子曰有衛女之志則可無衛女之志則怠見韓詩外傳此即所謂卓絕過高之行不可以責之中人者也以卓絕過高之行

而謂之狂易失心吾不知容甫之心何心也熙甫氏曰女子在室惟其父母爲許聘於人而已無與焉夫已身父母之身也以已身許嫁者父母也父母許之而曰已無與焉此復成何說乎且夫禮非強人而束縛之馳驟之也亦求其心之所安而已微箕比干皆謚爲仁伊周夷齊各成其是孔子聞孔悝之難曰柴也其來由也死矣而無所褒貶於其閒此所謂各求其心之所安也禮三代不相襲今古異宜父在爲母婦爲舅姑服皆期而今則皆三年二君其能執古禮以反之乎孔子曰禮與其奢也甯儉喪與其易也甯戚以今世俗波靡日趨浮薄苟有卓絕過高之行實足以激厲人心而二君者又

從而非議之其亦異乎孔子之論禮矣然熙甫亦自知其言之過故於張氏女貞節記斡旋之舉三仁夷齊爲況而容甫遂怙終焉奉賢徐母吳孺人未婚夫死在室守志十五年聞姑病泣請歸徐侍姑撫嗣子得厚成立事聞於學使者旌其廬士大夫有歌詠其事者得厚彙刊爲清芬集乞言於虎虎讀臨川昆明兩學使序辨熙甫之謬引而未發又未及容甫所議故爲推而詳之不自覺其辭費也

華亭南蕩張氏支祠記

南蕩張氏支祠華亭令西充周君煒記之矣道光十二年系孫布政司理問烒等洎羣從兄弟承先志而廣之

建堂曰敦睦左築留景軒以備齋宿左右夾室爲藏祭器及餕餘之所前爲亭以處樂人整而不華質而不陋君子以爲有禮或曰禮大夫三廟適士二理問於秩視士不當及曾祖曰今家廟實祠堂也廟之制有室有寢祠堂則一室而已不可以廟例且古無廟之鬼有禱則爲壇以祭大夫士有大事省於其君干祫及其高祖然則無廟者非常祭亙非常祭則無主今何以有主曰自仕不世祿而宗法亾廟制廢於是有祠堂此古今之變也禮緣人情而作喪服父在爲母及婦爲舅姑皆今重於古而合於人情則制禮者因之程子言高祖自有服不祭甚非今會典品官皆得立家廟庶士庶人則爲龕

於寢北自禰以上皆得及其高祖從今制有主宓矣曰古者左廟右寢朱子家禮君子將營宮室先立祠堂於正寢之東今立之墓側禮與曰權也唐會昌開敕百官京內置廟者但準於所居處置然居處偏狹鄰里無可開廣者卒不能如制蓋勢有所格不必盡繩以制漢人多建祠堂於墓所仿而行之不亦可乎曰記以大夫聲樂皆具爲非禮特牲少牢二篇無奏樂之文作樂於亭不已盛乎曰禮嫌聲樂備非嫌用樂也大夫判縣士特縣顯箸經文饋食禮文不具耳眾仲之對羽數曰天子用八諸侯用六大夫四士二有其舞斯有其樂豈徒虞身而已乎夫陳於階下則褻雜於堂上則逼此亭之所

由作也是故禮者通上下之情達古今之變殷周損益各因乎時從宜從俗行之而無所窒礙者也世俗不知禮意輒執古制以相稽率發其凡於此若張氏源流世系與其累代隱德周君記詳矣故略之云

金山張堰鎮義塾記 代畢子筠大令

古者閭里之塾設之於官由是以達於庠序既立之師矣自閭胥以至州長又各以其期屬民讀灋考其德行道藝善則書之惡則糾之而又於庠序之中行興賢序賓正齒位之禮使人知尊卑長幼之誼衣冠揖讓之文誠以爲化民成俗莫先於學也後世制不如古而義學之制猶近於古之里塾然貧人所求數與方名而已而

或者猶諱入義學忍使其子弟日游敖以入於不肖夫徒以貧爲諱而不知不肖之可恥此俗之所以日壞也昔原伯魯不說學而閔子馬知周之將亂不學之敝其至於此張堰鎮距金山治南三十里士商工賈羣萃而處葢二百年於斯輓近俗靡敝習日甚往往有棄其恆業而嬉於淫博者頑獷之徒攘臂市肆以强陵弱童稚習於聞見效爲譃浪亦遂有羣聚叫囂睥睨自雄者於乎不有以維持之其流失敗壞未有所底止也咸豐五年錢廣文熙泰捐貲創置義塾延吳江徵舉孝廉方正董君兆熊爲之師凡貧無力者皆得就學又設立賞罰以示懲勸廣置經籍以備成材者觀覽意使編戶之子

稍知字義易於就業而不爲游手好閒其有可造之材則亦不至於湮沒廣文之用心可謂厚矣抑予有進者鄉飲酒之禮尚矣鄉官講約即周禮屬民讀灋之意今既久不行宜略放其意而酌減其儀節以時行之於塾俾有所觀效又約凡往來於塾者衣冠端肅言行必擇如是耳擩目染恍然知尊賢之可慕而禮節之不可失奇衺之可耻而刑罰之不可冒其能讀書爲士者於此始基或罷而爲農工商賈亦不至入於不肖則一閭里之塾而轉移風俗之幾在是矣記有之君子尊讓則不爭絜敬則不慢不慢不爭則遠於鬬辨而無暴亂之禍夫事固有作於數十年之前而效見於數十年之後者

廣文其有意乎廣文介海甯李晉蘭茂才屬爲之記予老且病而胸中怦怦時有不得已於世者遂略言之若夫究其端緒則茂才其聞之矣

養泉記

金陵冶城山朝天宮明建也咸豐三年燬於粵賊今用衆議卽其地改建郡學巴州廖君（綸）實總其事宮左舊有飛霞閣牆壁甍橑僅存廖君少葺之以息司事閣北對雞鳴山自鍾阜迤而南遠近諸山咸見於其東面登眺者萃焉廖君又循閣下百步得廢井問之道士曰太乙泉也浚之泉甘而洌瀹茗以供客咸曰美哉太乙何減承甯虎以爲太乙之名用道家言亙今將易爲儒宮

奚取於是夫井久廢而復用於世由廖君廖君之自號曰養泉請卽以名之孔子之傳易曰山下出泉蒙蒙以養正聖功也又曰巽乎水而上水曰井井養而不窮也坎之爲卦陽得中以率二陰故君子以常德行習敎事其在蒙曰果行育德在井曰勞民勸相蓋君子之所以脩身卽其所以自養而其敎民亦所以養民也苟在上者率此意以爲敎師儒遵而行之俾民勿內於邪勿惑於異端悠謬之說其爲養也大矣夫坎水也水者人之所不可一日無敎與養亦人之所不可一日廢也故記之俾歆是泉者顧名思義焉

顧尙之別傳

國朝秝算之學陵越百代蓋自宣城梅氏始而同時吳江王氏亦能研究中西深涉窾奧其後學者各以心得箸書自見然大都主於發明西法惟元和李氏解釋三統四分統天諸術用數之原及正負開方方程天元如積之術甘泉羅氏發揮四元演爲細草古法大昌而咸豐以來西人新術益入中國錢唐戴君煦海甯李君善蘭別以其術精求對數超出西人本法之上於是不特古法爲土苴卽西人舊術亦筌蹏矣吾友顧尚之氏曰積世積測積人積智秝算之學後勝於前微特中國西人亦猶是也舊法者新法之所從出而要不離舊法之範圍且安知不紬繹焉而別有一新法在乎故凡以爲

已得新法而舊法可唾棄者非也中西之法可互相證
而不可互相廢故凡安其所習而黨同伐異者亦非也
烏乎眞通人之論哉君名觀光字賓王尙之其别自號
也世居金山以醫學行於鄉里爲善人君生未能言即
識字或呼壁閒字輒手指之百不爽每啼哭輒以此餌
之能立後常持箸醮水畫之若作字者父教以讀書日
夜輒數十行九歲畢五經四書學爲制舉文十三補學
官弟子旋食餼三試鄉闈不售而祖父相繼没遂無志
科第承世業爲醫鄉錢氏多藏書恆往假忩讀之遂博
通經傳史子百家尤究極古今中西天文秝算之術靡
不因端竟委能抉其所以然而摘其不盡然時復蹈瑕

抵隙而蒐補其未備如據周髀算經笠以寫天青黃丹黑之文及後文凡爲此圖云云而悟篇中周徑里數皆爲繪圖而設天本渾圓以視法變爲平圓則不得不以北極爲心而內中外衡以次環之皆爲借象而非眞以平遠測天也開元占經魯秝積年於算不合君用演紀術推其上元庚子至開元二年歲積知占經少三千六十年又以占經顓頊秝歲積攷之史記秦本紀始皇本紀知其術雖起立春而以小雪距朔之日爲斷葢秦以十月爲歲首閏在歲終故小雪必在十月昔人未之言也李尙之用何承天調日法攷古秝日法朔餘强弱不合者十六家君以爲未盡强弱之微別立術以日法朔

餘展轉相減以得强弱數但使日法在百萬以上皆可求惟朔餘過於强率者不可算旦授時術以平立定三差求太陽盈縮梅氏詳說敷衍未明君讀明志乃知卽三色方程之法謂凡兩數升降有差彼此遞減必得一齊同之數引而伸之卽諸乘差則八綫對數小輪撱圓諸術皆可共貫讀占經所載瞿曇悉達九執秝而知回回泰西秝法皆淵源於此其所謂高月者卽月孛月藏者卽月引數日藏者卽日引數特偁名不同亦猶回秝之偁歲實爲宮分日數朔策爲月分日數之類是也其論婺源江氏冬至權度推劉宋大明五年十一月乙酉冬至前以壬戌丁未二日景求太陽實經度而後求兩

心差乃專用壬戌今求得丁未兩心差適與江氏古大
今小之說相反蓋偏取一端以伸己見其根誤在高衝
行太疾也西法用實朔距緯求食甚兩心實相距術緐
而得數未塙君以前後兩設時求食甚實引徑得兩心
實相距不必更資實朔較本法爲簡而密矣西人割圜
止知內容各等邊之半爲正弦而不知外切各等邊之
爲正切君依六宗三要二簡諸術別立求外切各等邊
正切綫法以補其闕杜德美求圓周術用圓內六邊形
起算雖巧而降位尚遲君謂內容十等邊之一邊卽理
分中末綫之大分距周較近且十邊形之周與邊同數
不過遞進一位而大分與全分相減卽得小分則連比

例各率可以較數取之入算尤簡易因演爲諸乘差表可用弧度入算而不用弧背眞數然猶慮其難記且仍不能無藉於表因又合兩法而用之則術愈簡而弧綫直綫相求之理始盡錢唐項氏割圜捷術止有弦矢求餘綫術君以爲亦可通之切割二綫因補立其術西人求對數以正數屢次開方對數屢次折半立術緐重李氏探源以尖堆發其覆捷矣而布算猶緐且所得者皆前後兩數之較可以造表而不可徑求戴氏簡法及西人算學啟蒙竝有新術而未盡其理君別爲變通以求二至九之八對數因任意設數立六術以御之得數皆合復立還原四術又推而衍之爲和較相求八術自來

言對數者未之聞也君又謂對數之用莫便於施之八綫而西人未言其立表之根因冥思力索得之仍用諸乘差法迎刃而解尤晚歲造微之詣也其它凡近時新譯西術如代數微分積分諸重學皆有所糾正類此君於輿地訓詁六書音韵宋儒性理以至二氏術數之學皆能洞徹本末尤喜校訂古書綴緝其散佚嘗以馬氏繹史尙多漏畧寫補眉上字如蠅子無空隙錢通判熙祚輯守山閣叢書及指海以屬君君以治病不能專力舉文虎自代仍常佐校讐中多所商定別校刊素問靈樞用功尤深錢教諭熙輔輯藝海珠塵壬癸二集及刊重學錢縣丞培名輯小萬卷樓叢書婁韓中書應陛刊

幾何原本後九卷君皆與參訂君視疾不以饋有無爲意性坦率貌黑而肥衣服樸陋不知者以爲村野人嘗有富人招君君徒步數里遇雨因跣足至門僕豎詰姓名告曰醫者也入則主人相視錯愕目語以爲冒顧先生來者診已定方伸紙疾書脈及病狀引據內經仲景洋洋千百言曰向所治皆誤今當如是主人乃改容爲禮具肩輿以送君大笑不受仍跣足歸本善飲酒然三四行卽偁醉固強之數十觴縱談忩告起矣咸豐間學寇日逼人心惶然強以算理自遣十年遭母喪明年賊入鄉避亂東走奉賢南匯間既而暫歸藏書多毀壞零落而次子澐爲賊虜驚憂不復出明年婦唐及季子源

先後死慘悼成疾將終以所箸書屬長子深曰求爾師
爲我傳及李壬叔序之遂無它言卒年六十四深嘗從
文虎游壬叔者李善蘭也深澐皆諸生當賊至時深獨
挈君書逃浦江東得以免君所箸曰算賸初續編凡二
卷曰九數存古依九章爲九卷而以堆垛大衍四元旁
要重差夕桀割圜弧矢諸術坿焉皆采自古書而分門
隸之曰九數外錄則櫽括西術爲對數割圓八綫平三
角弧三角各等面體圜錐三曲綫靜重學動重學流質
重學天重學凡記十篇曰六秝通攷則據占經所紀黃
帝顓頊夏殷周魯積年而爲之攷證曰九執秝解曰回
回秝解皆就其法而疏通證明之曰推步簡法曰新秝

推步簡法曰五星簡法則就疇人所用術改度爲百分趨其簡易而省其迂曲曰古韻則本休甯戴氏陰陽同入之說兼取顧江段孔諸家分爲二十二部雜以詩騷證其用韵之例上皆種別爲卷曰七國地理攷以七國爲綱隸諸小國於下而采輯古書實以今地名凡十卷曰國策編年攷求策文年次先後以篇目四散隸之始周貞定王元年訖秦始皇二十六年爲一卷曰周髀算經列女傳吳越春秋華陽國志諸校勘記皆記其異文脫誤或采補逸文曰神農本草經曰七緯拾遺曰帝王世紀皆所輯古人已佚之書其曰古書逸文者即所以補馬氏繹史者也餘凡所校輯已刊入守山閣叢書及

指海者不復及以上皆君所手訂其身後深所搜括而文虎為之別編者曰算賸餘稾曰雜箸凡若干篇君又據林億校注傷寒金匱謂今次非是別各編宋本目次於傷寒論審訂譌舛略采舊說間下己意為注未成書僅成辨脈平脈太陽上中凡四篇嘗以學者讀禹貢不得其條理因為之釋遠近爭傳寫之為讀本然往往牽於俗見以意改竄失君本恉別見文虎序中蓋君於學實事求是無門戶異同之見不特算術為然而算術為最精夫後有作者君所未知不敢言若其既見則可謂集大成也已

論曰觀顧君之幼慧殆所謂生有自來者邪或者乃謂

以君之學籍不出諸生壽不及古稀室若天靳之者烏乎孔子曰求仁而得仁又何怨君所志者博大宏達綜貫天人亦既得之矣雖貴爲王侯壽如彭鏗何以易此彼委巷拘墟得失長短之見小人哉小人哉

唐端甫別傳

浙江有好學博文之君子曰唐仁壽端甫別自號鏡香世居海甯州年十四補諸生人以爲功名未可量顧不喜事制舉業讀書好古究極名理同學濮陽涝者才氣空一世與君言大折服之訂性命交是時嘉興錢警石先生爲州學官博覽載籍實事求是君從之游益聚書求購宋元以來善本參校同異日不足繼以夜錢先生

深契之同里管庭芬仁和羅以智宿儒也皆引爲忘年友君嗜酒敦交讀書暇集二三雅故飲酒論古或穨然醉臥不知客之去也用是以爲樂咸豐十年粤賊竄浙江君挈家航海遭大風舟幾覆避居浦江稍以醫術得酒食同治三年扶母柩歸宅已瓦礫依婦家莊以居無何婦又沒負影子立是時錢先生亦展轉避寇由浙東以至皖江常念君不得消息以語其次君今京卿應溥同治四年應溥奉錢先生喪回浙物色君乃偕至金陵言之今相國合肥李公佐曷程周侍御學濬校刊史記集解索隱正義合注本時文虎亦預書局始與君相識懽如故交六年春曾文正公自河南還金陵知史記

工未竟命文虎同校益與君相親乃重訂校例或如舊本或刪或改分卷互視遇所疑難反覆參訂既而合肥公議以金陵蘇杭武昌四局合刊二十四史君分校晉書南齊書又覆校續漢書志遂以史記札記屬之文虎後又與文虎同校史記集解單本蓋相處九年同治十二年文虎以衰老辭歸君悵然不樂別之後書問往復歲率六七次遂以文虎所爲舒埶室隨筆授之梓氏君爲人淵默好深沈之思於古今人皆不肎輕相坿和亦未嘗偏執私見以示異博觀約取務適於道詩文不彡作作必有所見尤篤於行誼家故小康族戚朋友來告者皆能得其意所師應時良者詩人也老無子且窮甚

君與濮陽滂爲營生壙又集其詩若干卷將壽之世其避難歸也家雖破猶有所存悉讓其弟同局德清戴望病篤以後事屬君君經紀其喪護之還浙烏乎然則好學博文又烏足以盡君哉君於醫有神解治沈痾往往奏效幼患痰喘當四時之交寒煖更變時則屢發發即不得坐臥輒自處方服之而愈愈即縱飲無所忌其後服某官祕方白丸子病發漸稀光緒二年春君書來言邇者宿疾似已而精神反不如曩納穀尤少又言夏秋閒將回浙嫁女道松江視公文虎疑白丸子之弊復書誡之而止其繞道之勞其六月得劉君壽曾書則君死矣烏乎君以宿慧席祖父資得縱力學問而盤根錯節

卒困頓以死豈天者固不可測而人之窮達壽夭果不可以常理論邪君卒年四十八三女皆適士族一子嘉登隨侍書局自課之君沒後涇洪汝奎觀察晉嘉登行館從師讀君所作散佚嘉登將集之以存其槩觀察曰是必能繼父之志烏乎端甫其不死矣

舒藝室雜箸甲編下終

舒蓺室雜著乙編

己卯五月歸安楊峴署

舒蓺室雜箸乙編卷上

南滙張文虎孟彪

復何補之書

得書審近狀甚慰拙稟向不甚眎人惟極知己始出奉教乃徒相推譽而無一言益我何邪鄙人總角卽學為五七言長益嗜之及今思之中無實得而徒刺刺不休卽造詣如古人亦屋下駕屋耳況萬不能乎至欲以此相標榜更為謬妄儌幸傳名與儌幸科第有何高下且此念一萌心術已壞詩以言志其志可知近日唱和題圖酒食角逐之事愈夥而可厭直是不作詩庶幾謝絕應酬僕非矯情實見其無益且無謂耳補之天資絕人

氣方英銳將大用力於詩古文辭此誰得而沮者然竊不自揣欲補之屏去眾藝專力於軒岐之書君家累代名醫補之祗承家學又靈敏善會應手著效何不因此而益充之取素問靈樞難經傷寒金匱下至後世諸名家書究其會歸而辨其舛謬外參之於臨證其有扞格則深思而闕疑勿泥古勿徇今勿強書以就我務求其實用而已如此數年當為國工夫坐言起行而有實用於世莫如醫詩古文辭無用之空言也徒因其名高而事之惑矣且醫固技也而可進於道詩古文辭藝能之末事未見其高於醫若云載道之文有功於人心政治此固甚善然又不可徒求之詩古文辭也且讀書當觀

其通善通之者洴澼洸之藥可用於戰陳鑄金之術可移之鑄人苟不其然誦詩三百不能專對精微如素問不當僅以醫理盡之補之誠專力於此其於道當有左右逢源者僕多欲寡擇初汩没於辭章繼又泛濫於攷證律秝之學每自念於斯世斯民一無所濟坐費日力悔恨塡膺補之遽以品學見獎令人媿赧無地用敢抒其耿耿者貢於補之惟僕之愛補之者深遂不自覺其言之唐突也幸諒之

復謝幼伯書

伏承賜書言向來爲學之方既已心儀之矣及讀詩文集卓然皆有所爲而發子剛又盛言足下能力苦食淡

自守有素益傾慕不已若僕者逃難羈旅舊學荒廢方自恨日以衰老不復能進於是而足下且惓惓於鄙人則得無過聽人言而未之察與僕少時涉獵書史嘗有志古人之學而依人爲活多輟少作心氣麤濁不耐精思又無賢師友爲之先導知我者笑之以爲徒自苦然心好之不自已復不自力悠悠忽忽夫何知年歲之不我與也遭亂幸存寄跡白下思慮秏散雖從事鉛槧聊以遣日何能爲足下益邪輓近不乏高才宏覽之士乃徵窺其所悅不離於史公所謂聲色芻豢佚樂勢利者即他日得志其所爲可知也足下獨克自振拔而其文辭又不肎苟徇世俗之愛憎如此足下方任中年益肆

力以極其心力之所至過此以往可二十年其必有以
自立夫一時之榮名固不足言卽傳世與否亦何可知
而君子必汲汲於此者孟子言理義之悅我心猶芻豢
之悅我口非以求名於世也古人之書度足下既博觀
而善擇之無俟鄙人之呴呴無已則欲足下凡詩文勿
輕作俾積之久而始出詞則雖不作可蓋爲之不能不
用心而用心雜則兩不能精此僕昔所以自誤者敬以
告大箸史論不激不隨固可與集竝行所輯論學一卷
自學問根本所在然置之坐右自爲體驗則可近有託
爲道學者人挾一帙以自鳴足下非其倫然勿示人以
朴也僕之所見止此而已深負下問之意無任慚悚伏

惟亮察

答劉恭甫

去臘得手教欣審侍奉安吉鄙人入春以來居處如恒祇諸冗叢雜不得竟日靜坐爲苦平生於古文實未致力何敢溷言竊以爲所謂桐城派者非桐城獨闢一法蓋韓柳以來大家名家相傳如此實自古以來皆如此特韓柳諸家則有轍迹可尋然韓柳功深蘇氏才高氣盛介甫瘦硬奧衍皆不易學惟歐曾平正易於入手故中材以下喜效之桐城由震川以上溯歐曾固古文正軌然專以風神唱歎爲宗此則望溪猶不如是而惜抱啟之蓋示叔之效子長者未嘗無神似處特後人功力

不及近於空疏後世學惜抱者奉爲祕笈自鳴一派此又非惜抱意計所及也衎石文頗學栁而質實處近李習之曾文正公極爲折服鄙人不特未學桐城兼亦未敢窺衎石樊籬人來强求者矣一應之何足言古文兄淵源深厚出其緒餘陳之述作固當直舒所見不患不中繩墨若彼專門之藝分道揚鑣可也端甫別傳徧諾久乖聊以塞補農之請桐城乎衎石乎皆當屏之門牆之外矣閱畢幸轉示之

送王季平學博之任崇明序

吾友王廣文季平將攝任崇明行有日矣或曰季平與子厚古人臨別贈言獨默爾可乎予曰固也凡校官之

職督率士子佐有司教民整風俗而已故其秩不高而任與令等其見於上官也禮貌有加焉吾吳俗尚浮靡他郡不暇論蘇松所屬爲州廳縣者二十有二雖肥瘠不同而皆不免於敝太倉嘉定少減焉惟崇明孤縣海中力田務本俗尤樸儉雖富厚者亦與他邑窶人等豈成邑在後風氣未開與抑產於是土者秉質獨醇與國家功令校官除授不出省惟辟本郡自粵寇內犯迄十餘年江以南郡邑無完境獨崇宛然無恙蓋隔於海故也或曰亦由其民樸厚富者不暴殄天物貧者循業守分耐艱苦苟免凍餓幸矣故不生盜心其免於寇宜也李平遂輾然曰不亦善乎此固吾桃花源也予曰不

然蘇松之人辟地於崇者多矣以爲桃花源可也予則非徒辟地而已固以正士習移民俗爲職守者也崇之俗信善矣吾不知辟地於此者能欣慕而從其敦樸乎不然崇之人將轉相慕效而長其浮靡以漸漬於諸邑之儆俗則官斯土者病也風俗之興倡於士其壞也亦始於士子且以身督率而誨喻之由士以及於齊民俾保其善俗而不至於儆其庶幾無負此行與此吾所以期季平也乃書之以爲贈同治元年春三月

送張子剛歸南昌序

南昌張璲子剛天性純摯言其母苦節撫孤狀未嘗不流涕也貧不能讀書恥爲商賈行治篆刻游卿大夫閒

名聞於時資以養母怡怡然也粤賊陷金陵大帥集兵攻剿以末秩從軍江左奔走兵戈閒有所感發每寓之以詩蘄達其胸臆而止既而從節相湘鄉公於皖南隨至皖城去冬訪予賓館投詩以質恉乎仁人孝子之思也或者乃惜子剛少讀書疏於學問類不能充其所至者然使無子剛之至性雖讀破萬卷充其學以幾於古人奚以爲故吾重子剛也春正月子剛請於湘鄉公暫歸其鄉省母束裝來别詩有之曰王事靡盬不遑將母又曰陟彼岵兮瞻望母兮子剛之歸也訴思親之苦話道途行役之勞慼人事之盛衰惜歲時之奄忽偁湘鄉公燮人以德之意而欣然復敘家庭之樂試誦詩之所

云爲毋夫人效萊衣之舞視彼徒以高車駟馬金玉錦繡震耀於鄉里者何如也

送宮保曾撫軍養疾歸湘鄉序

剛果雄厲之氣足以鼓衆志振懦頑攻無堅城守無彊敵而其一發無餘也則亦不足以持久何也氣非素養也公孫丑鄉相霸王之問孟子荅以四十不動心而要其功於養氣養氣與不動心無二道也故曰持其志無暴其氣心一動而氣爲之僨矣夫不動心於爵位猶人所能也處功名之極盛而不動心則非素定於中者不能孟子曰禹之治水也行其所無事也君子之於功名亦行其所無事而已矣我湘鄉節相功名爵位天下所

仰望也其接見下僚及寒素之士從容和雅使見者不自覺其矜平躁釋其中之所蓄淵乎莫可得而喻也抑嘗登皖城周覽形勢及觀賊將遺壘處竊歎其易守而難攻有爲文虎言今宮保沅浦撫軍攻克皖城事赫赫若目見私意撫軍爲人必剛果雄厲有異於節相者是時撫軍方圍攻金陵金陵天下之名都也其形勢十倍於皖賊居之久且衆而撫軍以五萬之衆當之身病餉又不給羣方爲撫軍憂而撫軍以爲必克今年夏六月果破之十二年之巨寇一朝而殲江南之人以爲再造朝廷爵賞稱其功斯亦大丈夫之所謂得志者矣及來金陵見撫軍則又從容和雅若無有其位之尊功之顯

者蓋其中之所養廓然於功名爵位之外豈非孟子所謂不動心而行所無事者乎於是歎撫軍與節相固親兄弟其學同其志同其所養無不同而果非徒用其剛果雄厲之氣以就功名者也然今撫軍方以病得請於
朝將假歸湘鄉論者嘖嘖侈其功成名遂身退合於老氏之義竊以爲非也古人之所謂大功難居急流勇退者此爲不善處功名者言之爾豐功偉烈一動於心不自知其著於言色識者窺其中之所存故老氏戒之撫軍儒者也其視爲
君與民除殘去賊皆吾學問性道之事曾無幾微功名之念動於中而何足以老氏之說溷今楚北餘寇未盡

而邊境猶有叛擾者撫軍之年及孟子不動心之歲方
宜與節相一其心力奠安四海內致
君堯舜而外登斯民於仁壽之域而後謂之不負所學
何言退乎吾且見撫軍之疾勿藥有喜而
朝廷百姓之元氣將漸以復也同治三年十月

送楊峴大令之湖南劉翰清太守之臨淮大營序

今之幕府古之從事也唐制從軍久者得爲大郡故有
入幕不數年而歷顯要爲諸使者軍興以來統兵大帥
尤以搜羅俊乂舉賢任能爲事往往出幕府而握兵柄
持憲節功名彪炳於天下蓋幕府固人材之藪也其耳
目聞見較親於人而所至山川地理之形勝饋餉之難

易軍情之離合寇形之盛衰變幻與凡大帥所措施莫不孰察之而存於心久及其措之裕如固不啻取懷而予故造就人材莫速於此今猶古也楊君劉君皆以名孝廉橐筆從軍楊君由晉歷秦蜀劉君客楚北胡文忠公幕皆見重於主人及今毅勇矦湘鄉節相開府皖北遂皆聚於皖同治二年予亦以節相招至皖與二君定交楊君經學出長洲老儒陳先生碩甫之門劉君學問醇邃世其家傳尤精三禮常過從議論談笑未嘗不相洽也去秋隨節相自皖來金陵所居尤近相見益密今年夏節相奉

朝旨北征辟劉君入幕府而楊君亦將應湘南李撫軍

之聘二君年皆未艾出其素所醞蓄以佐平寇患澂清四方掇旌麾而出生斯民於疲癃災青之餘也其何憾予所感者我輩皆遭寇亂離故土飢驅偶聚雖用學業文藝相說而亦不無同病之憐三年於此矣一旦分手以別其能已於惘惘乎予衰老不能荷戈躍馬從節相以北而三湘九疑亦神往而力不能俱將歸謀蒓羹鱸膾徜徉九峰三泖間以聽二君飛騰於功名之會也閏月之望與周侍御學濬歐陽員外兆熊方少尹駿謨張郡丞斯桂李司訓善蘭公餞於秦淮水榭是日序此爲贈

送楊卓庵太守離任序

在小戴之記有之曰民之所好好之民之所惡惡之此之謂民之父母言臨民者當以民之好惡爲好惡也至於用舍人材則亦有然孟子論國君進賢退不肖不聽於左右諸大夫而必國人之爲聽烏乎彼左右者便嬖使令之人其所謂賢與不可固不足據若諸大夫則儼然搢紳之流何乃與左右便嬖等哉高才者慮其勝己敦厚者嫌其椎魯淡泊者疑其不近情豪爽者憎其疏率因而詆之曰躁曰僞曰僻曰粗君子之接人也坦然率其本性未嘗以蜂蠆之毒虞人而不知其日在羿之彀中且夫君子之與左右便嬖所處不同若諸大夫則比肩共事不能無交接其何之也益密往往患生於不

及防禍至於不可測其毒有甚於左右便嬖者夫當進而不進必有不可進而進者操用舍之權者所宜慎之又慎也惟國人之與君子者名位隔絕其臨於我上也撫我則以爲父母虐我則以爲仇讐好之惡之人情不甚相遠泰誓曰天視自我民視天聽自我民聽天之視聽且寄於民然則欲進賢退不肖而不徵之於民是其聰明乃過於天也楊侯守我郡十年以民之好惡爲好惡者也士紳軍民皆安之今將以倅左遷以去羣以爲大戚有爲詩歌以送者文虎衰老才竭不能爲韵語輒述其硜硜之見以贈願侯它日開府正方面進賢退不肖勿忘此意也

陳頫莊六十壽序

世之奉佛者唪經以求福戒殺放生以求壽施捨以求利益如是其皆得乎哉持奉佛之心以立身處事不與福壽利益期而往往得福壽利益若夫持福壽利益之心以唪經戒殺放生施捨則是與佛爲市也且夫佛固願人之皆福壽利益而實不能使人福壽利益然則福壽利益之柄何所操仍操之奉佛者之心而已矣我友陳君頫莊少孤事母至孝先意承志凡可以得母懽者無不竭力爲之以至於壯且老如一日也嘗爲表戚姜氏主出納姜君病亟婦少子穉以屬君君毅然曰諾姜君沒君設法隔別內外條理井井事大小悉以身任恩

比於義節比於禮勞怨無所辟卒撫其孤成立婚娶而後已君廉幹精敏其爲會計調度周密未嘗有失誤而取與寬平不私其利與人交和而有節急難必爲躊躇處置不使之向隅流離窮乏蒿心棘目量力賙恤無所吝未嘗不唪經戒殺放生施捨而實無福壽利益之想葢其事母也任事也治生也接物也無異其奉佛也而其奉佛也則亦猶之其事母任事治生接物而已吾所謂持奉佛之心以立身處事者葢如此佛教衆生以無住相布施又言飯千億三世諸佛不如飯一無念無住無修無證之人者葢一求果報卽所謂住奉佛之心本空而福壽利益之念礙之卽非奉佛如君者殆眞能空

其心者哉始君相不合壽法年踰四十納妾僅得子而殤再納數年仍窅然人方以爲憂前年竟得一子今君年六十矣太夫人年八十五康强怡悅日抱孫爲樂而君承懽其間扶持抑搔孺慕無閒其爲福壽利益孰大於是豈與佛爲市而能然哉惟其不以福壽利益爲心而福壽利益相隨而至吾故揭此以爲君壽而并以勸世之奉佛者

黃小田儀部七十壽序

維昔宮保勤敏公以文章學術受

知

三朝由部曹改詞垣游歷大卿入參樞府侍直

南書房勤政之餘賡揚相接傳誦者以爲虞廷喜起殆無以過及縣車致仕優游林下歌詠太平年登耄耋康彊不衰海內仰望以爲陸地神仙益當

中天極盛之際應運而生宜其壽考福澤如是其隆也我友小田先生公之季子也少承家學與諸兄雁行竝起登拔萃科官禮部十餘年以儀郎請假侍養遂不復出山或者以謂君以貴公子爲京朝官名公鉅卿多其故舊交手推轂聲名文采振燿四方建牙持節車前八騶旦暮可待乃抽簪歸里絕意進取豈其有高世之志與何其不能與勤敏公後先輝映哉而不知非也父子入仕沃承

天寵高倘其志非所宜言益君子之仕也當內度諸己外度諸時力足以有爲則官無尊卑皆可以致我匪躬之節苟不其然則與其觸藩於中道毋若善刀而藏也君既終養屬海疆多事歲比不登盜賊生心駸駸窺伺當事者不爲意君惕然憂之咸豐三年粵氛肆擾吳楚之交豺狼比跡君遂挈家避難於我郡之金山自是而郡城而南滙而上海寇來無方靡所止居而第宅丘墟賜書零落百年喬木炬爲烽燧夫以勤敏公遭際之盛不及二十年而君之所遭如此宜有不堪回首者然使當是時仕爲高官權不全屬或且從而掣肘進退惟谷將何以自處乃歎君之不復出山其度己者明而量時

者審也其不能與勤敏公接踵媲美者時爲之勢爲之也君待人無城府喜怒無所飾其避難金山也依其婚錢氏文虎亦館於錢一見即推誠相與日以詩酒相過從如是十年雖倉黃亂離未嘗有數月之别也去夏五月文虎將之皖君餞之曰皖吾鄉也而不得從子往明年予七十矣子名能文其以文壽我且待子歸文虎曰敬諾今及期而絆不能如所約請先之以文而推君不仕之意以質君或曰君壽種也如勤敏公之福澤壽考備今古幾人君之境固詘矣天其將伸之以期頤之壽或曰今軍威丕振江浙大郡次弟克復嗣君子省方以材能積勞勩曆上游保薦將見蒸蒸日上以追繼勤敏

公世德而續君未逮之志則謂君之壽考福澤將比隆於先公其誰曰不然是二說也文虎固樂聞之因竝舉以爲君壽同治三年六月

湘鄉公六十壽序

同治九年秋朝廷念東南久困元氣未復復命我宮太保相侯湘鄉公總督兩江兩江士大夫下至軍民聞之皆如望歲是時公方以疾在假再上疏力辭詔不許冬十月公六十初度賜壽額曰勳高柱石有加禮公疾少閒乃入覲謝

恩請
訓
旨仍速公赴任公於是三至江南矣我
朝開國以來惟章佳文端公四督兩江昔公將赴直隸文虎敬錄文端事爲況固亦私冀公復來今果如所祝豈非此邦之幸與葢
朝廷知公在江南久深悉其人情土俗官方吏弊駕輕就孰有非公不可者昔文端之在江南無赫赫之功其遇事鑑空衡平冰解理釋不煦嫗而人感其德不苛察而人服其明不緐辭告誡而人樂爲用命未嘗徧閱閭閻而民閒疾苦若口與之言而身與之接其於屬員虛

衷傾聽不設成見而卓識所在堅定不移又非浮議所能動於漕河諸政尤力任其難至今嘖嘖在人口其受知

兩朝屢膺重寄有由來也公之於江南出水火而登衽席固文端所未有然公歸功諸將不以此自居而其性情德量用人治事則有與文端若合符節者聞之江南之民於文端之至若嬰兒之就哺而文端每至江南忻然如歸故鄉日者公之來也民肩踵相接引領遙望庶一見公顏色歸則以誇其婦子以爲公其復來撫我育我竊意公顧瞻周道當亦有忻然如文端當日者益人以情相接無今昔之異也抑文虎猶有所冀焉文端之

最後任江督也尤久蓋閱十餘年乾隆三十年
聖駕南巡文端年七十
賜壽有韋平介祉之額使公得久於其任以次正人心
善風俗興利除弊續前未竟之緒而益充之自此十年
恭逢
盛典豈特媲美文端而已哉南山有臺之序曰人君樂
得賢則能爲邦家立太平之基其五章曰樂只君子遐
不黃耇樂只君子保艾爾後古者君臣契合與國同壽
考垂令聞於無窮有如是夫有如是夫文虎老矣昔歲
送公時曾不意復能見公明年將歸覘枝棲與田夫野
老尋承平之樂事它日芒鞵杖笠重謁鈴轅爲公期頤

之祝或不麾之門外乎請以此序爲驗

孫勤西廉訪六十壽序

當咸豐同治間壽陽祁文端公湘鄉曾文正公以德業學問文章焜曜海內章甫縫掖之士莫不仰首希望以爲泰山北斗而二公獨推許今皖臬瑞安孫公不置惟公以名翰林直

上書房出入承明金馬閒摛華掞藻風采蔚然僉謂臺閣之極選既而論事觸諱一麾出守於時寇氛方熾佐籌戎幕一攝廬鳳觀察旋以家難去展轉十年與公先後起閒府封圻爲大帥者比比而公始拜今職之

命入或以爲滯而公孜孜焉方推溯永嘉之學究極其

義理文章將上追古人下啟來哲而自成一家箸述仕途之利鈍非所計也或者謂公端醕長厚本以詞臣爲京朝官益宜文學侍從衡文之任而刑名簿書爲屈是又不知公也儒者之業兼本末內外而貫之者也見之於素守卽可施之於事功修齊治平舉而措之豈徒爲誦說而已且夫古大臣敭歷中外藉以上稽吏治下悉民隱豈有所擇哉今陳臬之職不爲不尊所系不爲不重三載考績外擢方面內陟卿貳以躋宰執非異人任由是上承文端文正之緒而益劑其未及爲以報當日所期許合義理學術文章事功而一之誠無忝於承嘉之學哉公於古文法桐城於詩法蘇黃於書法顏柳皆

本之文正而絕不同蓋各自其詣力所造而不必襲其跡其於治事當亦如之然則使公督兩江未必肩肩焉循塗守轍以爲蕭規曹隨而當求其不盡之意其斯爲善學文正而已矣昔在癸亥之歲文虎以文正招至皖與公以詩文相契明年公赴廬鳳任後六年公來金陵益相習而公子仲容孝廉好許鄭之學亦常商搉疑義凡六閱歲交不爲淺矣今歲八月之吉爲公六十壽辰迥隔千里外不獲預稱觥之列而禮不可嘿而已又不當以浮辭導諛輒述公所以爲學者以爲序同治甲戌秋仲

宋秋畋六十壽序

士所以爲四民首何也誦詩讀書績學明理行修於家庭道合於仁義智足以知人才足以任事彼農工商賈有質美而未學者矣短於識而昧體要者矣局於才而僨事者矣若夫罔利而不知止者未暇論也士所以長四民以此今有不爲士而無媿於士且希見於今之爲士者則吾友秋畋奉直其庶幾乎君世籍休甯葢徽國文公之裔方靈皐集有朱孝子傳即君五世祖也君幼有至性先意承志得父母懽贈君任郊公立品端毅好讀西銘小學及呂省吾陳文恭公書以授子弟曰常肄此可上希賢哲次保身家且爲人倫鑒夫人能讀書知禮法則識自高趨向自正不溺於物欲矣君奉之終身

以持躬應世未嘗一日忘其於贈君一話一言屢緬述之片紙隻字什襲無失暇常出以省覽居喪哀毀盡禮鄉黨偁焉兄弟七人君次最後先世遺居推讓諸兄而已賃屋以處諸兄相繼沒撫其孤弱皆俾得所族有典公產者毎贖以歸公其門內之行如此君之棄儒而習賈也受贈君命以食指緐治生自立遂遊滬上勤於所業主人倚爲委以重大精審周詳未嘗有疏失其處事也嚴而公和而有節得人人心盡其力爲人謙謹不妄語開誠待物無隱情尤忼慨喜結納有告叩須者必委曲成就之且爲計久長故無不感頌者滬城思恭堂者徽甯人寄殯所也當咸豐癸丑庚申閒滬兩遭寇亂停

榑千餘倉卒莫可爲計君倡議盡瘞之賊至堂屋皆燔而千餘榑者幸全乃籌款修堂益擴其制君之力爲多君旣廉於取又見義必爲不私其財利故囊槖常蕭然其應於外者如此然則所謂行修於家庭道合於仁義智足以知人才足以任事而不以利爲利者君非其人與其於今世之士吾未敢較量其同異竊嘗自計葢亦忝附士類以擬於君曾不足當百分之一以是每負疚於夙夜也君有四丈夫子長者以今年補博士弟子餘幼皆讀書惟九月旣望爲君六十壽辰青浦沈君銳卿屬文以爲祝嘏因具論之以見大賢孝子之後名父之子雖爲商賈猶愈於庸士使君效一職治一方其必能

以循吏者而惜也其僅以餉鐲敘職而未施其用也然君之子既爲士矣安知不本祖父之訓而施之於仕也又安知聯翩而起者不承祖父之訓而相繼以施於仕也君雖素不能飲聞斯言也當引觴而哂曰窮達命也使兒輩不忘祖訓以勉於爲士其善頌善禱矣夫

姚衡堂先生八十壽序

凡物積之厚者其澤必大源之遠者其流必長河出於巴顏喀喇山而至星宿海也蓋三百里又二千七百餘里其間或潛或見或滙或散然後至於大積石山而其流益盛若夫潢汙行潦夏秋雨集忽然而漲不旋踵而消此無它無所蓄積也孟子曰原泉混混不舍晝夜盈

科而後進混混者其源也不舍晝夜者蓄積也盈科而後進者遲之又久也孟子所言者學也而人世興衰久暫之幾視此矣吾衡堂叔太公於外舅堅香先生爲從祖行其先皆自浙西而遷松江其在今金山境二支自明已來科第相望惟郡城支潛德未曜垂三百年至公始以拔萃科捷南闈又後十餘年登甲科入詞林今文孫松泉叔舅又領鄉薦人見其功名之表著而不知其積之厚也見其科第之相屬而不知其源之長也然而公之意則曰此吾不舍晝夜之時耳未可謂之盈科也公既散館改戶曹文章品望名公卿爭相引重入參侍從出膺憲司旦夕閒事而公澹於榮祿遽請假歸遂不

復出山家居以學術表率後進有司之庭非公不至有所任必盡瘁而未嘗及私咸豐間以團練保甲護衛郡城

賜四品銜花翎公悚然不自以爲功語益恭氣益下自奉儉薄如布素叔舅春秋方富風采隱然公時時勖以進德修業若惟恐其稍自放者此其所謂不舍晝夜者乎今有掘地者不半施而得泉㪚然號於其友曰吾所儲江湖莫及也它日其友過之牛蹏之涔耳此亦溝澮之涸已夫禹之導河積石也曲折三千里而至龍門經華陰歷厎柱迆邐趨大陸然後播爲九河同爲逆河以入于海地道也天道也而人道備矣公好學至老不倦

於書喜讀乙部尤孰班氏偶舉所疑以問人雖自鳴淵博者不能荅視聽聰察步履似五十許人去年學使者歲校例合重遊泮水而杜門謝客今二月十六日爲八秩壽辰恭人同庚淑德懿行偕莊白首

熙朝人瑞也然公仍遜謝命家人毋受賀其和氣謙德恂恂然見於顔色言語之閒淵淵乎不可及殆所謂原泉混混有本者如是矣然則在公猶積石之始導耳自是以後浩乎沛然誠未能量其所至也敢持是以爲鞠歷之獻

湘鄉相侯歐陽夫人五十壽序

同治四年歲在乙丑實我湘鄉相侯收復金陵之次年

官舉其職民還其業遠近振奮爭自濯磨以幾我
皇上暨相侯維新之治春二月二三君子不期而集咸
曰維月之吉爲相侯夫人五十壽辰夫人高門懿行榮
於族黨曩者相侯治兵討賊頻歷艱險遂以廓清吳楚
然而不問家事且十年實惟夫人能以勤儉率下內政
克治俾我相侯無內顧憂夫相侯以淸德儉節砥厲一
世卽不敢他饋獻顧吾曹以文士託宇下宜有以爲相
侯暨夫人壽者文虎曰然夫祝嘏之常辭不越富貴壽
考夫人既兼之矣何待致頌若夫仙佛荒誕之說非所
以陳於大君子之前而亦不當逃於儒者之口諸君子
曰然請聞子之所以壽相侯暨夫人者文虎乃言曰夫

以相侯之任與其所得於聖賢之學而獨以清德儉節率厲羣下者何哉蓋爲治之本莫大乎移風易俗風俗之美莫美於儉與勤而莫敝於奢惰儉與勤常相因而奢與惰每相長夫奢惰之敝起於忽微而每至於流失敗壞而不可止一事之豐曰少自充焉爾久之事事求稱而不覺其入於華靡矣一時之逸曰少自息焉爾久之習於晏安而不覺其流於驕慢矣一家之奢效之者十猶未止也一人之惰化之者百猶未止也是故富貴而奢惰將失其富貴貧賤而奢惰有不止於貧賤而已且夫窮奢之敝必爲所不當爲而欲所不可欲極惰之敝必百事廢弛而莫可爲理其係於世道人心非小小

也今天下之毒中於奢惰而我江南爲尤甚向者之難
葢亦少寤矣然而積習相沿恐有不能悉改而復蹈故
轍者夫奢惰之端自婦女始而君子及人之化始於齊
家我相侯之清德儉節固已衆著於天下矣竊聞前年
夫人之自湘至皖也紡績之具纍纍滿署自皖至金陵
亦如之常時躬自作勞督率家人婢嫗或至深夜寒暑
不減自公子以下衣無珍裘食無兼味夫以兩江制帥
之養侯夫人之尊而下同於寒畯之居室若此者何也
恐少自弛而奢與惰乘之也然則相侯之所以齊其家
而夫人之所以爲內治者可知已邦之大夫士庶民苟
體此意自勉以勉其家人有不感動而則效者乎由是

慕義遷善頑者廉懦者立挽數百年來浮靡媮惰之習以返於純朴是則我相侯移風易俗之本心而夫人與有助焉諸君子曰亮哉如子之言維我相侯與夫人足當之矣請錄而獻之以爲壽謹序

周母沈太淑人八十壽序

爲人親者莫不欲其子之賢且貴也爲人子者之於其親莫不欲其壽且康健而已得長奉侍也然而不可必得也得之矣亦既賢且貴矣去家仕宦千里或數千里晨昏定省之職託之家人於孝子之心有大不安者卽幸就養官所而公私不得兼盡視專其心力以事親者固有閒矣若吾緩雲侍御可謂能養志矣夫侍御掇巍

科爲名翰林視學桂管還登西臺方是時聲望蔚隆公卿爭相引重海内仰風采者咸謂内陟卿貳贊綸扉外塡封疆可計日待而侍御毅然陳情乞養以歸非矯也葢奉侍膝下之樂人子所最不易得者而旣僅得之固不可以自失抑上揆諸

國家孝治天下之意下示士林以名教之重亦所以敦厲風俗也咸豐辛酉湖郡圍急侍御奉太淑人避地滬上旋依節相湘鄉公於皖郡去秋復自皖遷金陵朝夕奉侍先意承志凡太淑人飲食服御皆身自檢視偶出未嘗不歸小有疾衣不解帶至能起坐而後已侍御年踰知命孺慕無閒太淑人年八十矣康彊如五十許人

猶喜操作親中饋事蓋不欲安養自逸以是爲家人倡率其平昔內治之勤可概見矣昔嘗怪潘安仁既以板輿奉母爲樂而屑屑自敘通塞羅陳王畿之盛此心慕巧宦繆爲閒淡耳今觀侍御之爲人蕭然怡然若忘其曾爲達仕者蓋惟太淑人能不以榮顯介意善成侍御之名亦惟侍御眞能盡其愛日之誠以悉力於孝養豈潘令之所可同日語哉太淑人生侍御兄弟六人孝廉君以學問節義焜燿一郡學士君早達而未竟所志惟侍御與兵部君表率諸孫聯翩繼起家慶未艾歲八月之吉爲太淑人誕辰適兵部君之子聯捷春闈觀政吏部遂父子請假省親爲太淑人介壽某等不敏於文不

足以揄揚太淑人之德與侍御兄弟父子之孝且賢顧辱侍御交厚不能已於言也謹次區區爲祝嘏者引其端云同治乙丑

李母王太孺人八十壽序

昔東坡母程夫人督二子甚嚴嘗讀范滂傳嘅然太息東坡前請曰夫人許軾爲滂否夫人曰汝能爲滂我顧不能爲滂母邪東坡兄弟卒以文章氣節名天下人以爲非此母不生此子蓋天地清淑之氣萃於一家不徒老泉之文行以啟二子亦惟程夫人之賢有以養之至今論蜀之人才無出蘇氏右者不其難哉吾友中江李石芝明經東坡鄉人也爲人寬厚長者而才識宏遠其

族弟眉生觀察仕於吳招君來游與某等交甚洽因得稔知尊母王太孺人之賢則以爲庶可與程夫人姬美也今夫古之學者誦詩讀書求聖賢之精意以得聖賢之行事而效之此一事也若乃書升論秀行舉言揚此自在上者造就人材圖賢共治之所爲又一事也兩者各行其是而不可謂上以此求下以此應設上無其舉而君子可不學乎後世則不然詩書之業求應舉而已矣朝夕所志功名利祿而已矣得志則侈然自放不復憶向者所習之云何失志則怨天尤人不可以終日噫習俗移人賢者不免何太孺人能獨見其大也太孺人之督明經兄弟也其嚴如蘇母明經兄弟敬憚之嘗應

鄉試報罷不敢對太孺人太孺人曰毋然讀書望成好人功名性天外物是有命焉不可彊致何介意爲亮哉斯言微特讀書者知此無幾人也人情莫不以榮利期其子榮利之得失其子如故也而喜怒隨之以變責之以好人喻之以性天而引之以知命此丈夫所不能言而出之巾幗以視程夫人奚媿哉先是明經先尊修職公棄儒服賈委家政太孺人太孺人治之釐然各當以賢孝勤能聞於鄉里眉生觀察少孤露太孺人視之如明經兄弟宗黨以爲難咸豐十年黔匪竄入蜀境李氏子弟相率習爲技勇太孺人曰此無益於禦亂徒長悍戾它日敗行危身基此矣力禁之乃止蓋其深識卓見

雖蘇毋無以過然則有毋如此明經其勉爲東坡兄弟哉蜀有巽巖子者文章氣節蓋東坡之流張南軒比之霜松雪柏安見李氏之不可繼起也歲某月爲太孺人八秩壽辰某等匏系一方不獲登堂拜毋敬述向所稔聞於明經者遙爲太孺人壽且重有冀於明經兄弟云

周浦紀略序

吾里中一邑倉署在焉漕艘自浦江入三十餘里卽倉兌糧甚便地近上海俗少向習百貨闐集而士之讀書掇科名者亦爲邑最浦江以東僻繇盛焉歲道光癸未水潦大饑鄉人多蒔吉貝頻歲傷水布直又絀耕織交困運河淤淺漕艘遠泊江口既而以海運罷倉署燬不

修悉改糧爲折色商賈竝減色士亦或以貧廢讀固已非昔比矣咸豐癸丑土匪滋事越辛酉浙寇東竄逃亡死喪相比市肆爲墟高門大宅十毀七八西市河塞舟楫不通於是吾里之衰極矣夫里之盛由漕倉漕倉由水道利水道不通商賈日替饑饉盜賊復相繼夫惡得而不衰嗟乎自癸未至此餘四十年而盛衰之變若此假更數十年其衰極復盛邪抑一衰不可復興也後之人徒據目前而不得其所以盛衰之故將有議前人之闕者是不可無紀載也吾師惺齋姚先生有喆嗣曰石一沈靜溫厚淡於進取課徒自給於金石篆隸恪承吾師之傳逃難轉徙處之灑然士之能守者也今年予自

金陵返君以所撰紀略示卷帙不多而凡所當載靡不備後之攷論盛衰者有所依據且以貧邑乘之采取君眞有心者哉憶兒時嘗見糧艘泊永定寺前寺萬佛閣邑八所登高也其側儲華谷葬處銀杏大數抱市南袁山松墓舊有碑今則灰燼耳瓦礫耳里中耆舊無一在者卽同輩僅閒一二存而予亦頹然見二毛矣讀君此書令我茫然若隔世寤也同治五年八月

小滄桑記序

小滄桑記者鐵梅翁所記咸豐庚申粤賊下竄奉母避難及往來城鄉所聞所見至同治癸亥大軍肅清松郡克復蘇城四年中事也其閒流離之苦殺戮之慘兵勇

之焚掠西人之倔强攻守之得失傳聞之雜出官弁之賢否民心之驚恐驢頭馬脯鶴唳風聲皆詳載焉烏乎粵賊之起如毒蛇如猛獸如飛蝗如聚螘日夕蔓延徧歷數省淺識之徒將謂如焚如焱殆無撲滅之期而不知二三年閒冰銷瓦解蓋烏合之衆理無久存其至於蘇松兩浙則惡已稔志已極矣埽除殄滅勢所必至矣越地處沃壤風俗奢淫嗜好無常不免於暴殄天物或且忽其本根不顧廉恥罹禍之由可深長思矣然而遭亂以後所爲有過於前者此何故哉讀君此記宜痛定思痛或有補於鑒戒不得謂之徒記事而已傳曰願君無忘在莒此之謂也仲夏十日文虎識

丁氏族譜序

族有譜諜所以敬宗祧辨支系毋使溷於他氏亦毋使他氏之得冒乎吾族也抑非徒此義而已古人作史序列往聖前賢行事以示後世俾讀者有所矜式以自奮至於譜諜所書則更切近矣維彼先世礪節砥行可師可法以垂裕後嗣者子子孫孫能謹守而奉行之勿失俾祖宗之澤緜延於無窮曰如是則爲孝子順孫不如是則爲不肖其所以學爲人者不更捷於史書哉予覽郡志及上南邑乘竝載丁公務興兩還遺金其子守安兩割股療親疾兄弟孝友喪偶不再娶守安子壽徵以不獲奉養改號陟思志終天之憾値年饑出遺米三百

石施振無德色慨然歎以爲此皆古人風誼之見於史冊者而適在吾邑將訪其後裔以攷求其世頃丁君竹村以所訂支譜來乞序乃知務輿公者即其五世祖也據述先世自汴從龍南渡其何代始遷浦東譜失不可攷可攷者務輿公以上四世耳而務輿公以下至今凡八世皆奉陟思公教讀書守分游庠食餼不絕夫仁人孝子友兄悌弟義夫善士出於一家而後人能讀書紹其先澤此其家未艾也竹村曰宗譜自宋以來支派甚詳遭變失墜陟思公重修之十一世伯父書圃公續之咸豐辛酉亡於粵匪之擾今祇就舊藏支譜增葺俾無攷者不敢濫及然不無憾於殘缺弓曰此無如何也子

第無忝先德克自振厲以訓後人終當興于家又奚憾焉竹村樂善勇義咸豐末嘗僦屋安置金陵難民并勸富人量捐衣食同治間又嘗倡舉代葬暴露屍棺可謂無忝爾祖矣予既重君世德又昔與書圃翁善而憫其嗣君之殉難以卒而竹村故伯兄栁塘又昔與予同學也於其屬樂得而爲之序光緒三年歲次丁丑春正月

沈氏支譜序

昔知過見知伯驕貪乃逃去改姓爲輔及知伯卒滅而輔氏獨存後世偁其知幾吾以爲幾之所在惟靜者能知之亦惟安於淡泊而後能靜彼身都榮利貪求無厭以沒其身非榮利之溺人人自溺耳吾邑沈氏有六世

祖諱維四者本嘉興世族仕元爲參軍以兄萬三豪侈作詩以諷不聽遂棄官隱居浦東彼非惟忘其富幷忘其官至今保有其子孫而萬三卒爲明祖所籍沒豈非安於淡泊故能知幾其神哉上舍轂燕爲公十六世孫續纂支譜言自公東遷或居撥賜莊或居沈莊腰路毛灣召稼樓或寄居青浦子姓緜衍能世守其澤不汲汲於榮利其世系居處墳墓皆釐然可攷由此以上溯祖德皆公一綫之延昔爲流寓今爲土著噫嘻盛矣抑予有咨者譜云族本嘉興而郡邑志皆作吳興或當時采訪之誤志偁萬三有從兄萬二而譜作秀二豈別一人邪又許元溥吳乘竊筆載嘉定安亭萬二富甲一郡聞

人誦明祖詩有不如江南富足翁句歎曰兆已萌矣遂棄家游湖湘其後江南大族皆籍没獨此人獲令終其名與志合譜亦有嘉定一支其事則又與公相似豈所傳誤邪上舍屬爲譜序因竝書以詒之當必有以解予之惑也光緒丁丑春正

利造橋張氏世譜序

邑利造橋張氏其先宋南渡時自河南遷松江再遷周浦鎮至金一公時尤繁盛人偁其地爲張家浜明永樂初驅富民塡燕京族乃離散金一公次子字仲清畱爲利造橋鄔氏贅壻遂家焉是爲始祖萬歷己亥七世孫表創爲譜至

國朝嘉慶丙寅中更三修十五世孫大經復詳明增補義例大備越今又七十年矣人事變遷興衰不一十七世孫鑫有憂之約同族諸君分任采訪體例一遵舊譜不攀援勢利不遺漏微賤至於異姓繼續有不可絕或出蒙它氏或來嗣吾宗必箸其實俾後有攷凡不遑自恤墮其家世者則削之鑫少孤以母教成立志之無一日忘悲已不能致顯揚因述母苦節狀求當代賢人君子錫言又籲大吏請
旌建坊以為百世瞻仰孝可知矣其修譜也扁舟所至飢渴寒暑無所避還歸舟中即泚筆記載逆旅則閉門排纂非要務不出如是三年而後蕆事烏乎予家自明

世倭亂失譜系先君及文虎兩世少孤不知先世支屬惟幼聞先祖母言出自張家浜而自高曾以下先塋皆在龍游港於張家浜近近塋有張氏云亦出張家浜先祖時常相往來先本鉅富明太祖罪其嘗助張士誠財摧折之致破家所說又不同文虎生也晚不獲聞先輩緒論又畢生奔走衣食不暇致求始末行年七十孤宗伥伥似續將絕自恨不可爲人不可爲子而已君忠信篤實爲人謀必盡心力其行事多可書修譜其一節也於其請序書以志吾媿

育嬰同善惜字局徵信錄序

人萬物之靈天地之所甚愛也愛其生則必恤其死人

能體天地之心以爲心則生相愛死相恤生相愛死相恤是即天地所以生人之幾而人之所由以生也孟子曰人皆有不忍人之心又曰惻隱之心仁之端也夫人心所不忍孰有大於生不能育死無以殮者乎於此而漠然無所動於其中是忍也即不仁也人而不仁斯大拂乎天地愛人之心而人心將不可復問積而成二氏之所謂劫者劫非天地之所爲而人心之所召也或曰子之爲此言也爲育嬰同善發也顧今育嬰同善所在皆有而流賊所至不免於劫何也曰人有衆寡心有眞僞一二人爲之而欲免千百人之劫猶杯水救輿薪之火也陽襲爲善之名而陰竊其利猶卻行而求前也夫

視人之生死漠然無所動於中者不能免於劫者也借人之生死以爲名而營私求利者自速其劫者也免劫之道如何曰挾資者出其資無資者盡其力將之以公而執之以誠既以自飭亦廣以勸人廣以勸人則其爲善不可限量也孟子曰善與人同樂取於人以爲善是故接嬰施棺之舉非徒爲善亦所以救人心也張堰向無接嬰局同善施棺舊有而絀於費於是諸君子興義舉修集資設局觀其條例周悉則諸君子之用心可知也或曰接嬰施棺誠所謂生相愛死相恤者若借字會之設其可緩者與曰夫字上自帝王卿相下至百工技藝所以立身治民成業資生之本而一日不可闕者使

天地之閒無字則上下亂矣人之所以爲萬物靈者以其識字也字之於人如此其急而予以爲可緩何也任局例有徵信錄之刻諸君子以予僑居此土謬誘作序不敢辭也尤願閱是錄者聞風興起以諸君子之心爲心以求合於天地愛人之心而無杯水輿薪之慮詩曰永言配命自求多福何有於劫哉

彭城醫案序

虎幼時每聞我母言先君嘗患漏瀕危得錢先生聖功藥之而愈輒心儀之少長飢驅索米不甚歸鄉里忽忽老矣年來與修邑志往來局中乃知錢先生諱時來號杏園聖功其字實當世名醫也王君謁儒乃言鶴沙有

劉君意亭即錢先生女夫盡得外氏之術醫名前後相埒所著醫案以傳其子今文孫樹滋觀察將授之梓且求弁言噫虎不知醫何以序劉君書哉顧感慕錢先生餘五十年不得讀其書而今始知其親炙之人則讀劉君書如讀錢先生書矣嘗謂俗醫之弊有二焉略記湯頭不問病之原委苟取成方影響以應病家之求其弊浮涉獵本艸不知君臣佐使之義襍藥亂投急圖取效見奇其弊躁此二者其意皆非有憾於病者然而艸菅人命往往有之今觀劉君之案細意切脈詳析病狀如法損益循序漸進不求急效於佗醫所診不苟同不立異惟中病而已旣效矣仍諄諄告戒慮其佗變惡有所

謂浮與躁者譏儒言聞劉君診病後有所疑每炳燭檢書不臥達旦以視鹵莽滅裂以幸一試者其用心何如哉嘗乾隆間吳門葉君天士以醫名噪一世門人采集其案爲臨證指南學者奉爲準繩乃吳江徐洄溪嘗評隲其利鈍劉君又從而補之兼論徐之是非醫道之難如此然讀劉君此案神機獨運實深得葉氏用藥之意益其於指南服習甚深故能擬其精微而遺其糟粕此又非貿貿於葉書者所及知也好學深思者展卷之際先體認其所列證狀脈候沈思其爲何病宜從何治然後視君所斷論及所用方藥一一勘合而折衷之庶幾得君之意然非一朝一夕之功矣抑又聞錢先生有手

批明秦景明幼科折衷劉君亦嘗拾遺補闕盍出其書與所評指南合而授梓俾從事斯道者大開神智其有益於壽世壽人豈有涯涘哉謌儒其以是復於觀察也可光緒建元乙亥日在南斗

華嚴墨海集序

道光二十九年夏與錢君葆堂寓禾郡幻居庵庵僧出示明賢分寫華嚴經八十一卷本青鎮寶閣寺僧道琳所集而移貯此者凡明季蘇松嘉湖名宿皆預焉予作長歌葆堂爲之記既歸因憶華亭張小我曾得董香光所書華嚴墨海冊乃從其後人假閲之與幻居所藏殆若合契按冊中有陳眉公古華嚴庵記言寶閣僧道琳

募書華嚴經三部後得古華嚴庵故地復之庋經二部

其一益存寶閣第不知何年徙於幻居咸豐五年秋與

葆堂再寓幻居請寫本諦觀其第四十九卷原本散失

國朝曹三才補書跋云癸酉夏日過禾郡訪項東井於

幻居獲觀華嚴經云云末題康熙甲戌然則幻居之有

是經其來久矣乎所不解者眉公記末題萬秝己未記

中稱垂壬子經竟而是經每卷後識年月者率在萬秝

壬子至丙辰五年其第四十卷李紫庚書則題崇禎壬

午且後眉公記二十四年豈記語不實抑其後有所更

易或亦散失補書耶夫寶閣之經既轉徙幻居矣張氏

藏冊有趙凡夫篆書古華嚴庵額及眉公記又董香光

書華嚴墨海四字蓋所以題經首者其餘唐美承朱平涵文湛持錢塞庵范淨如釋韋如方坦庵侯豫瞻李竹嬾題記皆讚頌寫經復庵功德者則是冊從華嚴庵散出可知抑不知所庋二部之經猶存人間耶其殘於兵燹飽於鼠蠹而散爲飄風耶葆堂曰雲烟過眼俄頃變滅事何可料是經雖經轉徙而宛然無恙幸也予旣爲製函什襲將幷寫經人姓名題識及冊中額記詩跋彙刊一帙命曰華嚴墨海集俾後之覽者知此經緣起予盇序之噫夫諸賢文章氣節炳炳不朽何有於區區墨蹟而葆堂之懷仰古人情深護惜欲使幻居永爲世寶其意非俗人所能識也錢唐吳穀人祭酒詩集有幻居

庵觀華嚴墨海歌序謂經十六帙帙首皆趙宧光篆書今皆失去又謂庵舊有董文敏書金剛經及金字法華經今已不存按今董書金經具在其金字法華經實非董書豈祭酒所聞誤與墨海餘波得牽連書俾後來者有考焉咸豐六年五月

讀有用書齋雜箸序

讀有用書齋雜箸者吾友韓對虞舍人遺稾也君少好讀周秦諸子爲文古質簡奧非時俗所尚既而從姚先生春木游得堅溪惜抱相傳古文義法尤究心世事讀書有得援古證今筆之於紙不爲浮薄華藻之語觀其所以名齋者可知也西人點綫面積之學莫善於幾何

原本本凡十五卷明萬秝閒利瑪竇所譯止前六卷近歲英吉利末士偉烈亞力續譯後九卷海甯李壬叔寫而傳之君反覆審訂授之劔矙亞力以爲西洋舊本弗及也外若新譯諸重學氣學光學聲學諸書君每自校錄復爲之推極其致往往出西人所論外故其發之於文益奇先是君父瘦山翁以仁厚端直倆於閭里及君舉於鄉猶遜志劬學羣謂必大其門逮咸豐初元君翁没未殮盜乘喪入室君撫屍曰勿驚我父室中物悉而取自是家小落十年夏流寇犯松藏書板片古器書畫與所居屋俱燼君倉黃走避道塗觸暑鬱鬱發病死所謂天道誠不可知邪去夏君之子伯陽以遺稾來屬序

予爲編分上下二卷鳥平君每得善本書輒以見示跋其後幾何原本之刻君約予與顧君尙之同校定今君與顧君俱沒獨予憔悴遷徙學日荒落索然無可與語者讀君文不能無悲君著述放失所存止此然亦既足傳矣伯陽能讀父書當繼君之志古人有言惟有文爲不朽與有子爲不死予文無足傳而子又早死它日誰爲之求序於人哉悲夫

遷鶯堂彙稾序

南昌張子剛以其十一世祖尙書公遷鶯堂彙稾乞序蓋琹本已亾此其後人綴緝者略以類次不分卷傳寫多譌誤文有脫至半篇者朱錫鬯明詩綜僅錄其訪趙

元戎築塞一首豈當時已不見完本邪予案南昌志載
公以嘉靖丙戌進士改庶吉士授禮部主事遷郎中爲
浙江提學副使轉遼東苑馬卿去官遼人爲立生祠歷
仕至南京兵部尚書致仕歸十三年卒平生清苦始終
一節諸子至不能自給其爲廉吏可知矣又閱蔡九霞
補輯廣輿記偁公在留都時度險要分水陸兵聯絡首
尾俾江南北免倭寇荼毒則固有功於吳者也而明史
李遂傳謂其所募振武營兵素驕悍致嘉靖三十九年
二月之變以此罷職益御兵之難不特恩威不可以偏
廢而法度政令尤不可以不盡善也文集末有擬荅京
書稾云今言者不能究明初法之善又不明言江營將

士驕惰之故與夫壞法之由乃含糊設端欲奪而改之疑所指卽振武之事當日蓋有從旁掣肘而不可明言者讀史者所宜旁搜記述而審其是非也抑昔曾子固與王介甫同鄉井又同出廬陵門下交甚厚而介甫終位未嘗引舉子固亦時有腹誹或以爲晚年異趣予聞子剛言公初亦與嚴嵩交好中道遂絶夫介甫執拗又惑於小人耳若嵩則身爲窮奇檮杌矣然當其讀書鈐山堂時又惡知其不肖至此公之與嵩交或在其時乎公詩文平實不求異人而和平大雅之致讀者自見今不具論而略論其世以爲序同治十一年南滙後學張文虎撰

夢蟾樓遺稾序

歲壬辰秋晤江陰繆布廬於白下學亭而境困廉介自守慷慨重然諾有古人風心韙之遂定交明年春書來以省試報罷後旋悼亡意氣衰颯若不自持因作書慰之今秋始寄示所撰劉孺人小傳乞序其遺稾然後知君固瑰異士乃劉孺人者亦賢婦也士不得已奔走衣食歲持所入以事父母畜妻子苟不足猶不免如北門詩人所云者抑不至入門交讁或稍識字白手一編咿嚶妝閣閒不省親操井臼爲何事米鹽陵雜將身自經紀郎磊落俊偉若布廬吾慮其方寸亂矣孺人秉祖訓事太姑君姑克盡婦職食貧習苦力勤贍養使布廬坦

然無內顧憂得以其閒畢力於學問意固遠矣寒鐙板屋朔風怒號紡績之聲與村櫜上下窮愁無聊傷懷念遠發爲吟詠其音悲涼蕉萃而其志屹然如千丈之松經霜雪而不落令人讀之隱然見陋室窮巷中有此賢夫婦者繄豈尋常閨秀比哉布盧性簡傲落落寡所合自孺人之沒再試仍被放又連遭兩喪境日窮蹙益思孺人不已乎編此槀以傳其同憂共樂之意平日糟糠之誼可知也嗚乎閨中良匹若孺人於布盧葢古梁鴻孟光之亞不幸而不能偕老宜其感念如此布盧之言曰自孺人卒而世遂無知予心者嗟乎悲已

大吉芊室遺槀序

張家驤謂甫輯其先人瘦峰先生遺稿成屬文虎序之文虎知先生深微謂甫屬且有不得已於言者迺爲之序曰今天下才儁之士相尙以科名相厲以場屋制舉之業外則聲色貨利焉而已其能閒靜自守退而爲詩古文辭者百不得四五焉其又能因流泝源返求經訓庶幾乎實事求是之學者則百不得一二焉何者人情辟難趨易迂遠之行不足以徼名利而徒見非笑於世故人率不樂爲卽有爲之而人事之擾境遇之困又往往中道罷去故必有其識有其境而後竭吾才力以赴之然而成不成則亦有命焉烏乎予悲夫以瘦峰先生之才之識之境可蘄至於是而卒不及至爲可惜也先

生補諸生即棄舉子業負郭之田足以自給晨夕一編未嘗問家人生產顧羸瘠善病病發或彌旬月稍間即擁書而坐歲丁亥予假館南潯先生時相過從縱論詩文先生曰近人爲詩纖佻猥瑣頗類俳優矯其敝者或襲七子之空腔或貌漁洋之神韵其爲僞體一也古文一道尤極榛蕪夫五代下無駢體明一代無詞

國朝諸賢皆起而振之古文則雪苑勺庭湛園堯峰望溪惜抱數人而已顧無以過元之道園明之震川也且夫詩文二者皆不可無學學必以治經爲本治經必先形聲訓詁名物象數由是以上探古聖賢立言之意與其制作之精乃免於空疏鹵莽師心臆造之敝因爲論

易卦氣爻辰升降消息書僞古文孔傳之謬詩毛傳齊魯韓三家同異禮鄭康成王肅異義古韵部分諸家不同說文五百四十部明六書之旨予深韙其言益予之從事古學先生實啟之先生於史尤熟南北朝於十六國疆域形勢瞭若指掌自宋陸異同姚江白沙源流門戶皆能言其得失而參同悟眞南北五宗舉其宗旨靡不該貫其博而能通如此予不信二氏說又厭性理之膠葛恆致駁詰先生拂然爭之過卽怡然不以爲忤也烏乎今去先生之沒且九年每過所居未嘗不徊徨歎息也以先生之才與識與境使天假之年而不以病困其所成就當必有可觀者乃既病其身復促其算年僅

知命忽以永逝顧藉此區區詩詞以自見烏乎豈非命與、調甫質美好文不屑屑於制藝將志先生之志而竟先生之所學也輒引其緒而告之

存希閣詩序

烏乎予與希盧以詩定交十五年未嘗再面也然書辭逼問歲率五六往復每發函伸紙如對一室而今不可復得矣悲夫君爲人伉爽質直好義當壬辰秋予應試金陵闈中聞君與人談詩滔滔徹旦俄予卷污題詩號壁將出君見而驚咤走筆和之爲同號生傳鈔殆徧八月望君訪予逆旅步月淮青橋議論風發泉涌明日集秦淮水閣誦近句皆卓然有所見已而別去烏乎孰知

其不復見也君家世積德君尤雄於文人方以遠大期君顧秋賦屢絀是年喪其室劉孺人無何君父自嶺右歸卒於家君母繼之祖母衰老子女皆幼課徒不足以自給歲壬寅避海氛徙家常州目疾屢發境益窘橐筆依南昌曹太守於淮於揚旋依昌黎韓給諫於清河丙午秋扶病入闈榜發仍被放遽鬱鬱以死烏乎詩人多窮少達自古已然然君之爲人豈徒以詩人盡者方其阨塞困窮且謂天故屈折之俾盤根錯節以老其材而大其用而孰意竟止於斯哉自十五年來凡有書問率以道誼學術相規勉不暇言詩君没後徐君磬鏡始輯君舊作寄予則君之性情境遇咸具於是至其暨陽懷

古諸作徵顯闡幽激揚忠義慨然有尚友古人之志讀者即未識布盧亦可想其人然則予之僅與布盧一面又豈足恨哉徐君爲布盧高足弟子嘗校刊劉孺人詩槀布盧之喪徐君實經紀之又掇拾遺詩將以付梓尹公之佗取友必端我於徐君益思布盧之爲人矣徐君所輯布盧詩凡五卷總二百一十有四首予汰之得百五首合爲一卷

望杏軒詩鈔序

往與我友許先生介周論詩先生亟側陳君雲莊雲莊族叔祖母予從姑也居相去五十里未識面比予客栢西與許先生蹤跡益疏庚寅春省墓歸邂逅雲莊艸艸

數語揖别去自時閲歲或一晤晤卽不能久敘君復深
自匿未嘗言詩予亦弗及也辛丑冬歸里大雪寒凍不
得出雲莊忽過訪投近稾屬序益至是始得讀雲莊詩
矣雲莊詩善用意於一二語閒旁見側出達其所見其
光黝然其味醰然其名雋處出入韋柳乃心服計先生
偁之不虛雖然計先生與雲莊相聚益稀昔所偁皆雲
莊少作今雲莊老矣困躓場屋閱歷艱苦行年五十懷
抱悒悒將盡發之於長謠短吟以它人爲之宜不能無
激烈然其詩抑然自下絕去圭角有所規諷出以和平
温厚蓋所養有與年俱進者不知計先生論之又當何
如也予與雲莊同邑且葭莩親然生十六七年始聞雲

莊名聞名六七年始相識又十餘年始讀其詩人生遇合遲蚤之數如此雲莊數與唱和者曰鐵岸上人鐵岸上人者寶山蔣劒人也亾友周金坨嘗言劒人才落魄詩酒閒既而髡爲僧今年夏予訪雲莊邑城知鐵岸居知止庵兩往不值悵然返豈遇合固有不可必者邪抑必遲之又久如雲莊而始晤邪於序雲莊詩牽連及之天計先生故與鐵岸善予且質之計先生

鐵岸詩序

古詩僧最著者六朝惠休唐無本貫休齊已皎然宋惠洪

國朝元璟讀其詩見其人類皆異於俗僧之所爲蓋天

下奇傑卓犖之士不得志於時往往託此而逃非必惑於其教也予所知近世有二人曰元和祖觀覺阿寶山妙塵鐵岸皆由儒入釋覺阿詩清迴超妙淵瀠鏡澈鐵岸俗姓蔣名金和號劒人予耳其名二十年今年秋乃遇之松郡北郭談藝甚洽出詩相質取徑梅邨而充以昌谷義山寓奇峻之氣於沈博絕麗中與覺阿同工而志趣各異蓋鐵岸之境有尤足悲者鐵岸少讀書喜談經濟挾術干當世卿大夫無所遇遂以酒色自污會丁毋艱遂絕意進取易浮屠服浮沈江湖閒曩時意氣衰颯盡矣然當酒酣耳熱拔劒起舞婆娑狂態猶昔嗟乎以鐵岸之才與其識豈惑溺於異教者卒之淪落不偶

去儒而俠去俠而僧而區區僅以詩名一世是可悲也
雖然天下奇傑卓犖之士不屑爲逢世之術懷抱抑塞
無所表見或以詩傳或以僧傳或幷不必以詩與僧傳
憔悴於飢寒偃蹇於道路日苒遂遠古今同慨身乎獨
鐵岸乎哉道光二十三年癸卯仲秋

守山閣賸稾序

吾友錢錫之之没於京邸也識與不識皆咨嗟歎息謂
以君之才未及祿仕又不永其年壽爲可惜也解之者
曰人壽之脩短豈係乎此哉有以數年爲壽者爵祿位
望烜赫一時者是也有以數十年爲壽者若世所稱上
中下三等之壽是也有以數百年數千年以上爲壽者

道德功業著述不朽者是也錫之年雖不永其所輯守山閣叢書及指海微顯闡幽剖析是非參訂同異皆足附古之立言者以自見海內好學之士皆欲得其書朝鮮使人至以重價來購其可信今傳後無疑也然則世之擁軒蓋而享期頤者蔑有加於此矣嗟乎斯言也固將以矯世鎮俗而未為知錫之者也錫之蘊高才雅自抱負其居鄉以利濟為已任手定義田義塾規條為贍族計創與善堂以給窮乏嘗欲大濬秦山塘以利一鄉灌溉謂地方大患在人無恆業法宜修保甲禁遊民絕倡優博塞而重懲豪猾則良民安而莠民無所容其入都求仕也謂苟得一官將有所建立以自試而卒易以

病沒彌留時猶諄諄以義田屬其後嗣由是觀之其不欲徒以劬學好古博虛名於世明矣古之君子不恥其躬之不顯而憫其道之不行不憂其名之不立而憾其澤之不被於天下後世錫之蓋有慕於此區區著錄之傳豈足慰君地下哉雖然天下事皆欲出之於己雖聖哲有所不能盡子孫相繼則太行王屋之峻可移而指之方錫之之出指海之已成者僅十有二集今其孤裒錄殘藁重為校訂又得八集合前為二十集復蒐輯君所為文筆及詩屬予編次附於指海之末其用心可謂勤矣易曰鳴鶴在陰其子和之推此以往微特義田義塾之舉屈指可計而凡錫之所有志而未逮者其必能

次第成之然則錫之雖沒而不死者固在也夫何憾哉錫之於辭章之事非所措意復隨手散佚今所存皆得之廢紙中及友人所代記其序跋諸篇已見於守山閣叢書及指海者不復錄凡一卷率爲之序以諗好君之爲人者且以勉其孤云道光二十有六年八月既望

辥石山房詩存序

古人言詩曰志曰性情曰興觀羣怨明乎必有所爲而作也詩之教溫柔敦厚然刺無禮曰胡不遄死要思我曰豈無他人惡譖人則曰投畀豺虎投畀有北類不能免於過激而孔子皆取之孟氏之言曰不以文害辭不以辭害志烏乎盡之矣後世應酬牽率之作不足以言

詩至若飾詞藻嚴聲病絕去圭角不敢有所寄託以取忤於世初接之文采爛然及徐而察其作詩之旨邈不可得殆所謂無非無刺者與蘇石山房主人少跳宕不羈中歲境益蹙未嘗芥蔕與人言詼諧百出雜以笑罵方撫掌高譚眴閒忽已飈去好爲詩當其得意吟唱自喜告以疵類弗顧也人所擊節者他日或改竄不存一字其沈雄雋邁奇譎險奧往往出流輩而率直晦澀之病時復有之是故辭不必皆醇事不必皆確美刺不必皆當其實而觸物志感因題立意皆非無所爲而作讀者當自得之歲戊申秋君擇其尤粹者如干首將授之梓先以眎予烏乎謂君之詩遂無戾於古予不敢知以

眡世之苟取容悅謬自附於風雅者葢徑庭矣故樂贊其成而識其簡首

海棠巢賸稿序

熊先生露蕤自次甲辰以來詩爲一卷授虎曰君嘗勸予無作詩今訂賸稿竟將如君言殆不可無序也虎辭不獲命乃受而讀之大都述舊聞紀遺事流連桑梓之作而於感時傷老尤致意焉嗟乎方先生壯歲擧筆出門舟車所至與其賢士大夫交遊酬唱極山川詩酒之興逡巡三十年如白駒過隙不可復睹宜有感慨係之者且先生自負肝膽重氣誼挾其豪宕感激之氣北出盧龍塞外歷燕趙韓魏之郊南浮閩粵再涉汾水僅得

詩千首及其老而歸也入門而喪其偶子媳皆病廢孫男女幼家徒壁立則依其母黨爲童子師當是時愛先生者莫不爲先生憂顧無策以處先生而先生以詩自娛晏如也見親故所處有不堪者則又爲之踟躕嚬蹙欲手援而不得則仍發之於詩憂思紆鬱而不能自已夫以豪宕感激之氣至變而出於憂思紆鬱此豈先生始計所及哉比者耳重聽肝病時作稍倉酒輒困而孰寐蘀先生老矣今夫世事人情日遷而月變假使先生精神意氣無異往昔過此更數十年其憂思紆鬱當有甚今益甚者高岸爲谷深谷爲陵自古人言之而卒無如之何也虎之勸先生無作詩以此敬復於先生以云

序則何敢然何敢然
先生得序以書佴謝且云張理堂約予南塘度歲予與堅老宜以人日前來會春正文虎侍外舅堅香先生如期往則先生示疾已兩旬體甚憊而神明不衰曰微子兩人至予目且不瞑姑留數日爲予處身後可乎又曰賸稾予所序今以畀予文虎唯唯既而先生病益劇其子熙春奉先生歸衛城時上元前一日也越三日復與同人往視疾疾少間相顧色喜而返返十有三日而訃至則先生逝已十日矣其明日遂往哭之烏乎先生年逾古稀詩名滿人口客遊三十年瀕於險而免者數矣言旋十載卒得遂其邱首之

志亦復何憾而不能無憾者天不慭遺老成凋謝濱海之區風流闃寂未見有能繼起者我思古人不禁齋咨涕洟也賸稾係先生手定惟鬼唱鮑家墳二十字爲病中絕筆今次於後亦可見先生之以詩爲命矣平生未嘗塡詞去歲始爲之素工詞者歎無以過竝附之文虎前序言不盡意以先生已見不復改竄乃附識顛末而授之梓氏庚戌春分日文虎又識

六半樓詩鈔序

詩之道至易而至難身之所即耳目所及心思所會隨其抒寫而皆可合於賦比興之義可謂無難矣及其隱栝錘鍊使俗者雅陳者新緐者縮之簡隱者達之顯往

往同寫一景而工拙殊科同舉一辭而妍醜異致此豈易言者哉取乎人之意中而出乎人之意外斯易與難兼得之矣同郡蔡梅茵先生耽於詩行役疾病不暫捨其爲詩出入誠齋放翁之間善寫人意中事讀者解頤咋舌徒詫其新異而不知皆尋常目前之境益眞能取之於易而出之以難者行年七十詣愈純氣愈下以予之不敏猶屢介張丈二如以前後稾相質且屬爲序其精益求精而不恥下問如此近世少年才士稍解五七字卽粲然以詩人自命不惟未知其難并不知其所以易其眂先生何如哉抑予聞先生爲人樸厚不設城府每有大裘廣廈之願嘗代友償逋負千金無後言受欺

於人未嘗校平居惟苦吟為事世事之往復物情之變
幻以及家人婦子米鹽瑣屑意有所得皆託詩以諷今
讀其稾觀我觀人多見道之語至詠古歌行激昂慷慨
誅奸諛於已死發潛德之幽光隱然詩外有事在然則
向者徒屑屑於難易之論猶淺之乎測先生也道光三
十年歲次庚戌日在星紀

井眉居遺稾序

外舅姚堅香先生少與兄古然先生齊名人比之二陸
先生亦高自期許以諸生入成均肄業名噪都下屢試
京兆不遇歸授經浙西廢制舉業自放於詩古文詞晚
客鶯湖與諸君子唱酬為樂凡數年已酉庚戌間從子

杏士迎侍吳門因課諸從孫讀是時先生病痁已四五年旋止旋作年老肝疾數發或終夕哮喘不得臥今年遂不復往仲春攜虎訪層君荻樓於嘉善居二日虎以營葬祖父先回挈婦至周浦不謂一月之閒先生之歸而遽病病而遽没也致使先生之女病不及侍湯藥而終不及視含烏乎虎之負先生多矣初古然先生以詩與虎爲忘年交將爲其從女相攸未果而卒又後五年而先生晤虎於張溪言甚契乃屬盧君晴野訂婚焉見虎所作東坡生日集井眉居記烏乎虎寄居甥館十有七年外姑盛孺人没室無它人先生每出數月歸則如賓客然酒次各述所聞見多不當意者輒嚱吁咨歎或

出近作命評論之曰子無嫌此事固不以年齒輩行限也其虛心如此譚埶相協則歡笑如友朋烏乎今不可復得已先生豪邁不羈善議論嗜酒醻數斗未嘗見醉容然自患痁後不復多飲人亦不敢勸也飯尤寡日不及米三合雖彊自振厲非復昔日豪縱矣嗟乎先生生於華族比長家日益落思以功名自奮既不得志生三子皆夭卒繼遭兄喪益悠忽不樂晚歲煢煢撫今追昔嗟衰歎老悲涼寥落之致恒見之於詩憂能傷人古今同病豈特二豎之爲患哉案先生與戴銅士書云拙稾自爲編次得古文二卷雜著一卷駢體文二卷古今體詩十卷詩餘一卷其上云年皆六十則當在壬寅今檢

遺稾自一卷至第五卷起嘉慶庚申迄道光壬辰第六卷起道光甲午迄丙申而缺癸巳迄乙未三年作又無七八九卷第十卷起丁酉迄戊戌無十一十二卷第十三卷起迄己亥其庚子至戊申不著卷數又缺壬寅年作其第十五卷爲己酉年作而庚戌所作又不著卷數詞則附於冊尾寥寥數闋此外惟雜著一卷駢體文一卷而已先生自言舊作古文一冊久失去駢體文多代人所作欲刪去而未果塡詞本非所長偶涉筆亦隨手散佚然則所謂自爲編次云者徒意欲如此實未寫定也屠君首先倡議刻先生遺集吳君穎仙亦言嘗湖諸君惓惓謀梓先生詩因屬爲整理迺以鄙見抄出古今

體詩四卷於少作取十之一二中年十之三四晚作十之六七而詩餘附焉雜著駢體卷帙無多合爲一卷屬友壻鈕茞汀繕寫清本並授剞劂昔古然先生所著紅林禽館詩詞爲山陽李芝齡尚書取去選存六卷未刊而尚書薨於位并原稾失之先生每以爲恨嘗命虎搜羅百一錄爲小冊適同郡姜丈小湄續選松江詩鈔嘉善黃霽青太守續選詞綜輒分寄之烏乎文士畢生坎壈心血僅存若又聽其蟲殘鼠秏忽焉漫滅如後死之責何虎不敏本與先生兄弟以文字相契合及爲婚姻尤用是切劘故不敢以僭妄辭雖然先生往矣虎所去取果無戾於九原邪抑猶不免於身後之憾邪蓋無以

知之矣咸豐紀元歲在辛亥十月子壻張文虎謹識井眉居詩錄四卷附詞一卷雜著一卷刊印後咸豐丁巳杏土復輯紅林禽館詩詞二卷授梓而兩集板俱燬於粵寇常以是戚戚光緒丙子重錄紅林禽館詩一卷詞一卷井眉居詩二卷刊之聊存梗槩別有跋今不載

紅林禽館賸稾序

金山姚氏門才之盛爲邑首望我伯舅古然先生與外舅堅香先生承累代家學以詩古文辭雄儕輩閒有雙丁二陸之譽維時蘇卿水北二先生於先生爲叔父行亦以才藻負時望風雅萃於一門人往往豔稱之及外舅與先生先後入
都名公卿爭相羅致會故大宗伯山陽李公奉
命視學浙中邀先生襄校閱繼復從李公移節江西益

李公與先生父芳溆公本同登嘉慶辛酉拔萃科而素
愛先生才及書法折行輩爲友命先生子詒孫受業門
下幕中日以文字相切劘所至登臨攬勝唱和不絕極
湖山賓主之樂故題詠益多所造詣亦益進李公旣終
任還
朝先生家居宋宋時作近游道光己丑冬訪友南蕩與
文虎一見如故相識訂忘年交出詩相商搉明年人日
訪先生栖雲館縱談竟日乘醉歸先生踏月送至舟次
至今歷歷心目閒其四月先生再至南蕩居兩日而別
自是遂不復見先生矣先生豪邁好交游不屑屑生計
幕游所得輒隨手散去以是長貧益侘傺不自聊將束

裝游嶺南會病淹滯逾年竟不起迨文虎就婚姚氏時
先生没已五年每與外舅語及此未嘗不唏嘘太息也
先生詩雋快出入蘇陸詞亦在蘇辛閒於
國初諸家最近迦陵嘗手自删訂爲四卷先生没後一
年李公典試浙江盡索先生手稾去將甄校授梓因循
不果會李公薨於
京師稾遂不可問嗟乎李公與先生三世交誼甚重其
索稾以去特爲先生千古計乃人事牽率以至於此此
先生之不幸而詒孫之所爲深恨至痛也抑豈李公意
哉詒孫恐先生手澤從此湮没乃掇拾殘賸及廣求之
戚友閒所畱遺者僅得詩詞各一卷付剞劂氏而屬文

虎爲序葢是時先生平生故舊零落殆盡存者或爲達官數千里外無暇事筆墨而蘇卿水北兩先生及我外舅皆相繼下世久矣獨文虎嘗辱先生知而又附於婚姻之誼雖不文奚敢辭謹序先生爲人梗概如此雖吉光片羽未足以盡先生之奇亦俾讀者有以論其世也

鐵杉吟館詩序

處困約而克自守者鮮矣冠儒冠服儒服凡可以營勢利者靡弗爲見自守者則笑之以爲彼誠材不足以與此也聞其言者從而效之於是自守者鮮矣二如張君之境抑困矣其志潔其行醕其家事治父子課徒給食指他無所問也其廞有以館爲家者病歸無所依君爲

之賃屋謀醫藥卒則治其喪葬其高誼如此豈徒自守而已哉父聽鶴先生嘗輯雲閒志略稾未竟君續成之興至閒為詩同里毛山子馮少眉蔡梅茵皆忘年交相贈荅唱和其所著鐵杉吟館詩自然淡雅不為壹鬱激切矜才使氣之言蓋如其為人夫內不足而外自飾焉詩雖工僞也處困約之境而壹鬱激切以才氣淩轢人者雖自守不可以終日也若君庶兩免之矣君豪於酒晚病咯血戒飲詩亦不復作去夏以微疾卒年六十二嗣君某某等以文虎與君交久屬序其詩謹述君為人以告讀者咸豐八年首夏

王雲鄉詩稾序

平湖王雲卿美才工書予識之五年未知其能詩也去冬避寇金山一再訪予抱甕居以詩槀見屬思雋而語工氣味溫然如其爲人客告予曰雲卿寢饋於詩興至援筆立就歲得數百首殆將充之以至於古人何如予曰凡學固求其至也求其至莫若專且勤茍專且勤無弗至者而俗以爲性情有近有不近非也弗專弗勤雖近猶不能至予總角學爲詩師友皆曰孺子可教也於是益自喜以爲誠近之稍長嗜好益雜一藝未就厭其苦而遷旁及遷它藝復然逮老且嬾益一切罷去輒舉其悔以勸人今雲卿年甚富才甚美求之又專且勤如是雖其它大者遠者猶至之不難何有於詩夫詩源於

性情動於閱歷根底於學問而恢擴於交游雲卿苟充其所至以蘄至乎其未至於古人必有所從入必有所從出而大遠乎時人者客笑曰子既不能至言之何夸也雖然所以爲雲卿則善矣乃書以爲序

張春水風雨茅堂稾序

上海王叔彝觀察以手校吳江張春水徵君所爲詩二卷眎予曰此二十年老友不忍其泯没子盍引其端往同里計介生流寓滬城落落寡所合獨徵君好偁其詩題其集予嘗讀而和之久之晤徵君於郡城友人坐未遑意草草別去自是不復見前年乃聞徵君死矣徵君形骸土木一三家村學究顧不知其詩乃滔滔清絕超

然名雋非其胸襟空濶焉能爲此若負士嫁妹諸作發於至性意脃而語摯則又異於流連光景者矣尋嘗怪相識閒論徵君或偁許過當或從而詆毀之何也士窮困不得志甯凍餓以死此爲一身計可也若有父母之養妻子之累卽不能不衣食於奔走然挾其技以遊四方求升斗之助不可必得也而尤悔隨之徵君之詩曰錢神那不尊韋布那不賤又曰終歲困行役妻子累此身此亦足悲矣夫阿私所好而失其實者非也浮薄不諒輒相訾謷者亦非也甯凍餓以死者非爲名高也衣食於奔走者非以爲壟斷也葢皆有所不得已而就其心之所安論者乃必責人以所難不亦刻乎介生之窮

如徵君而志趣稍異前徵君没叔彝嘗錄其詩於可作集今於徵君此稾復惓惓不置將梓而壽之徵君詩信傳矣如叔彝之好風雅而篤友誼豈不可與詩俱傳哉

綠雪館詩序

偉甫所爲綠雪館詩詞道光咸豐閒嘗鏽行矣燹於粵寇同治八年金山錢寶之爲校刊自丙午迄丁巳夏詩一卷而少作無與焉今年春偉甫以病没於鄉里仲秋季子引之以餘稾來請審定則自丁巳夏迄壬申所作也益不下七百餘首爲删存百四十餘首合爲一卷與寶之所刊略相當乃序之曰始偉甫言詩輒曰青邱漁洋益本武康徐雪廬典簿之論繼乃泛濫於前後七

子晚益自放或出入誠齋放翁間蓋自少至老境地不同其發於情因之而變有不自知者偉甫席祖父貲無聲色貨利之好以與人詩詞唱和爲樂既閱歷世故奔走名場間講求當代利弊家稍稍落矣辛酉之難南鄉殘破展轉播遷寇事漸定復以海塘工終歲役役狂風烈日間未嘗以爲苦而詩詞贈荅亦無一日廢邂逅遍姓名接談笑俄頃飛箋至數十百言如宿搆人皆奇之去歲秋杪與二三同人相聚郡東郭復園席間論古今詩詞流派正變及世事得失娓娓不絕大聲高唱氣如少壯是時君年七十三坐中皆側耳而聽無能插齒牙者羣相偶語謂壽不可量乃歸不五閱月而遽病不起

予聞引之言没之前夕猶據几作書神明不亂益其方寸明達不以貧富憂樂艱易死生爲累故隨所處而皆有以自遣而悠悠之口徒以詩人詞人推之亦淺之乎言偉甫矣予與偉甫定交四十二年遭亂以來舊友零落日益以稀存者惟偉甫爲最久抑知偉甫者無以踰予然則論定君詩者非予而誰宜引之之以此見屬而予亦不能它諉也是爲序光緒二年歲次丙子孟冬

蘋花水閣詩存序

予既序南塘張氏詩略燮庵復出丙齋蘋花水閣詩草示予曰丙齋幼孤先府君育而教之予所知也其補學官弟子先府君不及見無何避寇浦江東疾病顚頷悒

悒死遺詩一卷乞予刪定而序之以存其人可乎烏乎
丙齋梅生皆後來之秀也丙齋之生後梅生十二年其
死後八年得歲又減其四二八者其聰明同其不悅制
舉文而好吟詠同梅生疏秀韶令天眞爛然其詩如之
丙齋亦略同而筆加開展使天假其年當必有所成就
乃皆未竟其業而短命以死何哉蘋花水閣者丙齋讀
書處也自其先尊小我翁時予常與篠峰輩偕止其後
熊丈露荃館於此予歲恆一再訪每飲丙齋必侍坐丈
開命出其詩以爲可繼諸父兄讀之信然逮熊丈沒予
至南塘丙齋必來邀癸丑春相與探梅白雲庵予戲折
一大枝歸至水閣失足墮水重裘皆濡遂宿閣中變庵

以爲笑今思之忽忽若昨日事耳辛酉之難此閣遂燼明年而丙齋卒烏呼十有三年矣前年丙齋之子馳受知學使者其季桐未冠尤好爲詩將謀刊丙齋遺稾予爲删存若干首丙齋之性情與其聲音笑貌如見焉而梅生子淵亦方從燮庵學詩重校梅生所爲鉏月吟館詩及曼陀羅館詞付梓氏然則梅生丙齋皆有子矣壽之修短何足論哉同治甲戌立秋前一日

一樹梅花老屋詩序

道光戊子始識鐵梅翁於宋允奎紀堂坐上時予館浦南張鴻卓篠峰家每歲科應試偕至郡城與君及紀堂祝康城省堂諸桓碧泉顧誕朝頤堂皆年相若過從遊

燕談詩角藝雜以詼浪笑傲無所不至若世間無老死事者無何紀堂以病蚤世予就秦山錢氏館校訂叢書絕意進取稀至郡卽至亦稀入城省堂棄帖括爲醫頤堂中拔萃科後授經城鄉二君皆先後卒篠峰屢攝校官蘇常閒碧泉試縣令湖北粵賊之亂予避居滬上既而走皖江遂客金陵十年音問隔絕光緒乙亥於郡城涂晤君行步甚蹇曰病乎君曰老也非病也予齒少我一年耳向者干雲拂日之氣喑嗚叱咤垂白從軍與公侯抗禮自居何等何今亦宋宋也相與一笑而罷明年春篠峰老病卒是秋君亦沒回憶五六少年燕游歡笑不知天日若前日事而忽忽四十年消磨向盡惟碧泉

存聞亦且病廢予於諸人中最不材備歷險阻獨得後死然老且衰久矣求如昔時意興安可得哉君於予婦族爲尊行去年冬君從子松仙以君詩見屬中惟送碧泉一詩爲咸豐甲寅作餘則自己未調試杭州及庚申避亂以至同治己巳十餘年中詩耳益君少歲於詩不甚經意旋爲之亦旋棄之晚年始錄藁故所存止此君爲人洒脫無城府似近率易然當衆論紛騰時出一言足以傾坐其詩亦然觀其撫時述事觸目感歎及殷殷於朋友之誼慨然自見胸臆誠非塗飾性靈者可比也松仙穎秀於羣從中尤爲君所期望君之没也惘惘不已謀梓其詩予删次爲三卷而述今昔之感以引其端

光緒四年歲次戊寅仲夏

妙香齋集序

詩古文詞之於時文有以異乎曰無以異也譬之古詩近體不同者格其因物託諷謀篇立意奚以異然則世人高言詩古文詞而薄時文何與曰今之爲時文者倩妝巧笑以求悅目其見薄於人宜雖然彼爲詩古文詞者果皆免於倩妝巧笑以求悅目乎是故志時人之志以爲詩古文詞亦時文耳志古人之志以爲時文卽亦何異於詩古文詞自勝國以來迄乾嘉前諸先輩其爲時文借題發揮舒寫心得各有其獨至者不乏人試移此以爲詩古文詞必有異於俗之汶汶者或爲或不爲

或存或不存益其偶也楊君樸庵以時文名吳越閒久矣同治甲子相見於金陵其人古之人也其偶說古之道也其爲詩古文詞古之志也然則其時文必不爲時俗之所爲可知矣顧屈於場屋數十年至歲庚午始舉於鄉一上春官試遂裹足或勸之君曰技不足逢時偶倖獲庸可再仍以其日用講習者教授於鄉里予自金陵歸六年今春復遇之滬上如平生懽乃以其妙香齋集屬序君行年將七十矣劬學如少年每有所作必精思而出故所積不多予以爲吾黨之陳無己也卷中諸名士評騭丹黃爛然固已抉摘精微皆得其窾會荒眊無以益君顧嘗怪外人徒以時文推君故論其古今一

致者以質君未知有合乎否也光緒己卯陽月

大軍克復金陵詩序

今皇帝御極之三年江浙郡邑次第肅清惟金陵城大而固首逆負嵎悍賊所聚儲峙充積僞忠酋李秀成者尤桀黠自蘇竄逸入爲謀主誓以死守維時節相湘鄉公控制上流而公弟浙江巡撫中丞公暨彭楊鮑三帥圍攻未下既而三帥上援江西軍勢益孤有議請益師者中丞公曰見軍五萬苟用命何爲寡五月己巳晦克其地堡城益修攻具重賞罰躬冒灼暑百道並進馮城內薄死者山積自朔迄望晷刻靡息乙酉地雷發裂其郛呼躍爭進死寇豕突并命巷戰而我軍八面麕集逸

者罣羅網攖者入釜鬵梟雛畏戮自火其窟桀酋將遁捦之民舍洪秀全先伏天誅兩兄同惡一殺一獲自餘羣醜靡有孑遺自賊陷省會憑爲窟穴下躪吳越所至糜爛中更大帥統兵圍剿未集厥功至是凡十二年矣上自搢紳下迄黎首莫不以手加額以爲復覩天日湘鄉公既飛章

奏捷即馳入大營勞師籌議善後兄肩裴公之任弟建入祭之勛督責無待於韓宏助戰勿勞乎允武旬日之閒殲此大憝淮西之捷何足擬也蓋湘鄉公自咸豐二年練兵楚南攻克武漢遂圍九江規復江西全境我

文宗皇帝有元戎之

命總制三江移軍皖南而中丞公久屬行間拔安慶東
復巢縣含山和州身先士卒晝夜督戰文臣之勇健將
莫及聿惟我
顯皇帝愼簡忠良知人善任
皇太后
今皇帝聖明宏廓任賢勿貳俾湘鄉公得專閫外之命
俊乂同升將士同力機宜所在內舉勿避用克成此鉅
功豈偶然哉豈偶然哉
皇帝嘉公功晉銜太子太保爵一等侯中丞公晉太子
少保一等伯並
賞戴雙眼花翎中外臣庶歡欣抃舞咸曰允哉益誠服

二公之忠勛而信
朝廷爵賞之不僭也文虎辱公知敢以詩獻曰猨角變
色自彼坤維爲虺弗摧化爲鯨鯢踰江淮河朔南東西
鼎沸魚爛所至則糜躙楚蹂吳鳥迹獸蹏於赫金陵帝
王所遺龍蟠虎踞穴鼬與鼪洪水滔天溺我蒸黎我公
治兵自湘而北敷心腹腸手臂勠力水涌陸驤武漢眴
克遂陵九江誓埽殘賊欃槍退舍仰見軫翼惟
帝聖智
命總揚域移軍皖南披斬荊棘入險出險終開梗塞皖
實楚尾居吳上流不掎其角曷搗其喉時惟介弟勇齊
於謀剖窟破騶窮其傷鷚東制巢含遂鏺和州公來坐

鎮居中運籌乃請於
朝
分命李侯規略三吳以次克收石城言言攻圍二年落
其爪牙猶負厥堅中丞曰吁其又可延驂我雷輜奮我
電鞭鼓角出地梯衝降天横裂其巢飛沙騰烟梟獍殄
滅秦淮血塡
帝嘉公功光復土宇爾侯爾伯伯仲伊呂而公穆然念
茲黎庶孰恤爾喪孰瘳爾癘孰田而廬孰衣而糈申我
官箴戒我師旅祛弊除害百廢具舉登民春臺歸報
聖主
送湘鄉公移督直隸詩序

兩江總督轄地方千數百里節制三省兼鹽漕河諸政近又以
欽差大臣總夷務其任視它省為尤重江南號財賦甲
天下然歲屢歉重遭寇亂民生凋敝自軍興以來戰餉犒師鉅細公費舉出民間欲取之以方而無怨於下其治尤難今宮太保爵相湘鄉公以咸豐十一年拜江督之
命其時大江南北皆盜藪公自祁門督諸將轉戰至皖以次蕩平諸賊同治三年秋始蒞江甯城郭空虛惟兵卒游民耳公首請開科舉行鄉試藉以招集流亡又復諸書院聘求通儒碩學為之師試優等者厚其稍戒軍

吏毋擾市肆設局貸牛種以勸耕於是士民麕集賈者歸市農者歸野駸駸生聚矣明年夏公督師北征士民惝怳冀望謂公將復來及六年春公以病奉
詔回治所則皆懽忻鼓舞曰我公歸乎相率郊迎不啻愛子之迎慈父母也公深體物情識力堅定又知人善任出之以寬厚故人樂為之用其處己儉約起居衣食無異書生時人亦樂效之比年外籌軍餉內修舉廢墜庶司百職暨邦人士凡有事於官者皆自矢公慎不忍欺公而聲威所及夷夏景服公奏特設長江水師提督備非常度險隘分置營伍俾向者有功將士得以次借補特開書局治城山校栞十三經四史以惠來學四方

求見者時以禮接無所隔閡公以其閒與從游之士講論道德文藝攷求載籍或復圍棋賦詩益其才德氣量包乎職事之外故向所謂難者處之從容有餘裕也今年夏撚蠶殄除軍儲少緩公方議請薄賦輕徭減市廛之征大紓民困

朝廷以公久勞於外

命入塡畿輔民皆皇然曰公之於我庶幾起癃癈而肉白骨且

天子既以公賜我矣何又奪我公去也傭夫里媪爭籲於士大夫之門曰曷不留我公士大夫者亦相與私議冀幸公少留如寇恂故事文虎竊以爲不然公

朝廷元老當佐
天子治平天下聲教訖四海俾含齒戴髮之衆無一夫
不被
堯舜之澤而區區私一江南監矣江南離
京師遠保定近圻朝得
旨夕可報奏今
朝廷以羣盜既平急求端本善俗久安長治之道眷言
輔弼置之左右豈能曲狥民閒私請乎自來督兩江者
每不能久於其任公拜
命至此凡八年然席暖僅二十餘月耳故事則然且使
繼公任者皆以公心爲心就公所行舉而措之是不啻

公常留於我江南也公雅意文學所在文士萃焉文虎不肖幸從諸君子後依公六年於公之行諸君子各爲詩文以送謹序公所以爲政於是邦與邦人瞻戀不忘之意而系之以詩凡四章其一曰江南幾陸沈惟公實再造比年加潤澤漸以起枯槁苦熱與汝涼苦寒與汝煥祈雨雲油油祈晴日杲杲仁心隨所感蔀菶化禾稻祝公留十年使我家室好民肥公愈瘠

天子恤元老

詔公歸

京師公歸一何蚤虛茲借寇情歎息到窮嫗其二曰以公爲嚴師百司自相程以公爲慈母百姓皆乳嬰軍旅

思教養依公爲父兄遠夷㬢聲威望公爲神明公曰吾何施施之惟一誠一誠之所格足以通物情誰爲後來者此意無改更蕭蕭西北風吹公東北征冀公一日留緩公一日行其三曰治城一培塿忽復成泰岱巖巖夫子牆三山孰敢背聖澤所旁流儒末同灌溉惟公振文教亦以恤士類嗟嗞窮老生亥豕久自昧侯門多濫竽忽忽踰五載進固非所思退亦敢輒退遷史百卅篇讐校詎一再明年剞劂成歸去還種菜其四曰公來山川喜公去愁山川山川何愁喜人心視之然鍾山何連連豈無豺虎蹤江水何湛湛或有蛟龍眠阱亦不在陸網亦不在淵消弭固有時須公留十年豺虎爲麋鹿蛟龍

爲鮪鱣江水何湛湛鍾山何連連旌麾一回顧目極東南天

唐十八家文錄序

世人論古文輒曰唐宋八家又曰昌黎起八代之衰不知唐之與宋原委既殊門戶自別非可概論至起衰之功斷推元道州爲首弟其文散漫未立間構若獨孤梁權規模粗具而猶苦肥重惟昌黎氏原本六經下參史漢錯綜變化冠絕百世要其學出安定而實淵源於毘陵則未嘗無所因也柳州初工駢體後乃篤志古文其才氣陵厲足以抗韓至於學識根柢遜韓多矣同時若劉賓客才辨縱橫閒以古藻亦柳之亞元相滔滔清絕

開宋人一派李皇甫皆學昌黎而一得其理一得其辭亦各自成門徑牛相文筆刻露議論透闢沈下賢喜爲小篇夏然自異杜牧之雄奇超邁實爲蘇氏先導孫可之源出韓氏而專務奇峭要其獨至處不可及世以孫劉並稱然復愚則近於險怪矣皮襲美根據深厚若在韓門當肩隨習之陸魯望不衫不履野趣自得頗有似元道州者羅昭諫懷才不試好爲寓言出以過激每不中理然固唐一代人文之後勁也予錄唐文凡十八家源流遷變槩見於斯以破唐宋八家之說之固陋學者苟就其所近擇途以從則當取全集而孰復之勿以方隅自畫此外如蕭茂挺李遐叔呂和叔非無傑搆往往

雜以駢語符厚之佳處不出獨孤梁權範圍李元賓奇偉而純以辭勝未脫綺麗之習白傅平衍而不免於冗歐陽行周氣息近古而所詣未成不能與李皇角立李衛公史論篇幅短隘葢無意爲文故今所錄皆不及云

咸豐丙辰長夏

海嶠一塵序

海嶠一塵者熊丈露荃暨其族弟少海所輯金山衛城一隅之人之詩也其所輯始

國初迄近世或接其世或否閒及流寓而畹仙翁者則其族祖海莊先生則少海父也顯達與有專集行世則弗與何以弗與主乎逸也何主乎逸乎爾窮阨僻壤輶

軒所不至蕉萃專壹之士屏世俗之好矢志歌詠泊焉終身葢數十年而殘篇凋落若將湮滅則盡然傷之是編之輯以發幽光備文獻也然則曷爲止於一隅遠則采訪不易得又難徧也予嘗從熊丈登南城入戶寥落如郵落然南望金山岌然在海中波濤連天潮汐汨沒磳砿回遹日夜無已噫此數君子所望古遙集寄其抑塞無聊之慨者非與

南塘張氏詩略序

同治丙寅春予自金陵歸訪舊南塘燮庵司馬出所輯張氏詩略屬爲之序諾之而未有以應也越九年予辭書局返燮庵招至銕花仙館度夏復申前請乃序之曰

所謂南塘者盖華亭之下鄉在古張涇堰之南查山之東西南距金山衞城六里所俗曰茅柴蕩者是也張氏族居於此以耕讀世其家以忠厚儉朴訓其子孫父兄子弟率以風雅相尚髫齔之年便沾沾以詩句爲象勺故幾於人人有集然二十年來朴厚之風漸漓而風雅亦少衰矣咸豐辛酉浙寇東竄流離播遷毋論已刊之本及其板片皆燔於火卽篋中稾艸亦多散佚惟聽鶯蘇石鋏花三集存變庵曰吳俗子弟習場屋文應科舉卽不得學爲吟詠而我祖父以來弗之禁者以謂陶寫性情優柔以養其志氣爾自遭寇族衆中落或無力應試率棄書不事又不能爲農夫商賈蕩逸無所業則攝

於外誘者有之吾之爲是錄也掇拾殘賸存什一於千百夫非謂區區卷秩遂足以傳世也用示族人及後之子孫俾知祖宗家法由其詩以上緬其人庶幾歸眞返朴卽不能事舉業亦有足以寄志念而閑外好者乎曰不亦善乎予之幼也蓋嘗望見虛谷翁自道光丁亥篠峰招課其弟飛卿假館橫經艸堂因得徧交雲老瘦老諸昆弟既去館秦山仍歲時一至南塘羣從長幼若變庵梅生丙齋輩爭以詩相商搉而康城熊丈露荃適館於此提唱風雅駸駸極盛迨咸豐之閒老成凋謝少壯者亦或不免蘭摧玉折之慼至是蓋不及五十年而今昔盛衰之故不勝屈指矣然予觀變庵三孫長者尤馴

謹勤讀好書籍梅生丙齋之子皆喜吟詠篠峰年踰七十猶矍鑠勇爲詩古文詞裒然數鉅冊夔庵雖老病亦不廢詩將如驂之靳焉爲族子弟倡率由是言之又惡知其不再盛也夫詩之教曰思無邪觀感懲創胥具於是以是竝於家乘傳之子孫百世之下采風問俗者猶得執此編而名其鄉里曰南塘張氏之居其不負夔庵輯錄之意也哉

綠雪館詞選序

偉甫弱歲卽喜爲長短句初專效姜張後乃擴充於南北宋諸名家有所仿擬皆能得其神髓而尤嚴於聲律蓋元以後詞家往往率意爲之近世諸老始興言復古

然康熙間
欽定詞譜民間既不能家有其書而萬氏詞律疏漏缺
誤不盡可據非取古人所作畢力研究無以悉其分刌
諧律之妙偉甫寢饋於斯蓋四十年矣吳門戈君順卿
精於倚聲獨引君爲同志要其微至之處戈亦以爲弗
如也綠雪館詞前後付梓者凡已若干卷今秀水孫融
次公選同人詞復徵及於君因錄尤愜心者爲一卷索
予爲序且曰某於詞蓋無以及諸君若律則庶乎附驥
此君自謙云爾若予者亦嘗從事於律而執筆矯强不
自勝遂復放逸詞乃出君下遠甚未嘗不服君之持論
嚴而能不自怨也

萬竹樓詞鈔序

竊有以子鶴所刊賀方回詞見詒者服其蒐輯之勤心識之壬戌秋僦居筠溪子鶴亦避寇寓此以許姬殉節事索題並惠讀萬竹樓詞於是始知子鶴蓋子鶴雖祖居莫釐而常客我郡席故貲無他嗜好獨好爲長短句以爲言情之作莫善乎此又嘗與其鄉先輩戈順卿遊多聞緒論故其爲詞持律甚嚴而用意深細其師法在姜張二胸凡世所尙以叫囂爲豪塗飾爲麗尖刻爲巧者皆所不屑也中年得許姬閨房靜好唱和爲樂人謂神仙中人比遭亂傾覆姬罵賊死君逃難奔走轉徙浦江南北索居淒愴有不堪回憶者然其於許姬感悼不

已時見之於詞而今昔菀枯之感未嘗及焉亦足見其其志趣已今年春予歸自金陵君合前後稾凡二冊屬爲序予曰存稾不必多貴精而已請簡爲一卷以眎君君曰諾蓋予知君君亦自知之深也有議此卷爲少者其非子鶴知己也與同治丙寅長夏

張偉甫紀事圖序

華亭張偉甫述其宦迹所至從公奉職因時感事紀之以圖前後凡四道光二十九年權丹陽教諭奉太守檄嘉山近處盬洲團洲勘水災察戶口以待撫卹是爲雲陽勘水圖咸豐元年權元和訓導以大府命率諸生講約城鄉稽察民戶是爲鴻城講約圖咸豐三年秋權寶

山訓導時紅巾賊竊踞上海君隨今觀察長沙黃公於吳淞口江灣大場眞如諸處練勇守邏是爲吳淞備防圖咸豐四年秋權嘉定教諭隨今方伯太康劉公集衆防衞撫慰人心激勸輸粟是爲嘐城勸餉圖偉甫少好遊能詩爲武康徐雪廬典簿高弟弟子尤工詞出入南北宋諸家所至模山範水脫手成集中歲留意世事廣坐高談指陳利弊風發泉涌頟汗津津然聞者相視而笑或竟遁去君不顧也常欲得一官自效旣試於鄉屢詘家益中落年近五十始以學官履職近邑鬱鬱不自得然其歷事公勤自矢凡心口力所能自盡者靡弗盡也偉甫長予五年昔歲相聚年皆少壯以古今相切劘

其所以期待者甚厚忽忽三十餘年瓠落無所成乃以寇難逃命奔走家口零落轉徙靡定久不得消息去年夏相遇滬上彼此穨然老矣數平生親故死亡略盡存者或散處四方獨我兩人如萍漂水忽然復合悲慨之餘則又破涕為笑自尋來皖偉甫屢以書詞詒問比復以前圖屬識緣起求當代通人題詠憶別偉甫又一年矣須髮白者益多精神日益衰則偉甫之老狀可知也然偉甫今方為方伯公治稅嘉定寶山間殫心任事其言曰寓體卹於督勸而不以病商者病公壯哉吾讀偉甫近詞而喜其意態猶昔也同治三年孟夏南滙張文虎撰於皖城賓館

南滙張文虎孟彪

書趙序甫李二姐傳後

道光二十二年春予訪趙君星甫紀勳於郡城君出其從兄序甫繼勳所爲李二姐傳示予且屬題其傳曰余弟維嘉姬人李氏京師人無名字家人以二姐偁之年十五歸維嘉性敏慧授以孝經列女傳皆能成誦事上循循有規矩自先太孺人下皆愛憐之閒入述古賢媛節烈輒嘖嘖偁歎不置維嘉夙病哮喘歲常三四發發必累月姬侍湯藥夜不解帶無怠色歲辛卯維嘉以郡曹奉檄粤西挈姬偕往道漢陽疾大作遽卒姬吞金以殉年

十九傳止此異哉二姐一侍姬無飢寒之慮無內憂外患之迫乃計不反顧以身殉主若是乎其決也傳言其於孝經列女傳皆能成誦聞人述古賢媛節烈輒嘖嘖備歎豈慕其名而爲之邪烏乎士大夫讀書談道論古人往事刻責無已錚錚然高自期許一旦臨大節首鼠兩端進退不能自決卒至潰敗決裂乃多方以解免何暇計乎昔哉所貴乎書史者本以發後人之仰慕而效法二姐其眞能知此意哉或者乃曰孝不必滅性節不必身殉二姐非有所不得已可不必死而死是輕生耳不得爲烈噫是烏知夫古忠臣義士孝子烈婦遇難捐軀萬世一瞑非有所求於悠悠之口也各成其是而已若

較量於可死不可死之閒其不至首鼠兩端進退不能自決者鮮矣葢小人不樂成人之美往往多所訾議如此星甫曰維嘉之卒也二姐撫屍一鳴咽趣入內大婦怪之方哀慟未暇詰有婢聞二姐嘔噦入問之不荅審視氣已絕救之不及矣葢維嘉之得疾非一朝一夕矣二姐之意以爲生則依之沒則殉焉此其蓄積於侍疾時者已久不待臨事而始決故倉卒之閒從容自絕而無所繫戀瞻顧於其際此其性情獨摯而非徒慕其名而爲之者矣予甚惡夫不能效其人而好爲刻覈之論者故識之以勸世之願爲忠臣義士孝子烈婦者

禮部遺集跋

右過庭小稾一卷誓墓餘稾一卷避弋小草二卷萍軒小草二卷萍軒詞草一卷律賦賸稾一卷試帖賸稾一卷吾友當塗黃小田先生爲宮保勤敏公季子以拔萃科官禮部歷遷郎中請省親回籍及勤敏公薨遂不復出山君性坦率豪於詩酒世居蕪湖有湖山之勝有勸以之官者笑而不荅居數年咸豐癸丑避寇至吾郡依其戚金山錢鼎卿學博既以嗣君子春筮仕於吳遂僑居郡城庚申辛酉閒又避寇屢遷至滬城鬱鬱不樂傷時感事恆發之於詩雅篤於朋友與予定交十年尤相得酬唱頗多同治癸亥予將赴皖君餞之曰皖吾鄉也不得從子子去予獨行踽踽矣愴然而別別三年書問

無慮月歲丙寅春予自金陵暫歸見君猶健步然不能多飲詩興亦減矣又一年君得眩瞀疾中愈至冬復病竟不起年七十有三卒之前三日猶作書寄予與訣俱至悲夫子眘既奉君歸葬乃謀梓君集屬任校訂凡過庭誓墓避弋諸稾皆君自定萍軒詩詞予稍删其漫與者律賦試帖放外集例附後爲名之曰禮部遺集凡九卷君詩本其先公家法實導源白傅其人與世皆具集中讀者宜想見焉

伏敔堂詩錄跋

敔叔詩蓋發軔於韓放於蘇斂於黄又假道於誠齋乃伐毛洗髓而自成其面目其屐齒所及頗近擇石或擬

之袁趙固有相似者而實非也道光庚戌始與君訂交郡城其後君從李小湖學使入閩既而以小官需次浙江時以近作寄予及粵賊陷蘇君翁媼及兩弟均徇難道梗不得返徐樹人中丞撫閩檄君去同治初元予避寇滬城君弟鹿門以君書及此冊示予益刊之閩中者其明年予赴皖軍同治丙寅春旋滬黃小田儀部又以君書及續刊癸亥以後詩授予曰敦叔聞君將歸留滬數日不至今又赴浙矣予頗以爲恨又明年而聞君死於浙嗟乎蓋自丁巳一別遂不復見矣君爲人坦率簡略或議其狂實虛衷服善未嘗自以爲是其詩戛戛自造不肎一語隨人脚跟究其所從來皆有師法非浪使

筆墨者所能藉口也後刊之本爲周縵雲侍御索去壓存此帙燈下泚筆不覺潸然己巳仲秋上弦記

吳南坪柈湖詩文錄跋

同治戊辰夏南坪翁來金陵本湘鄉公舊交也居署中時相過從遂訂交以詩文集及所著國風原指論孟辨證見示是時年六十五聰明健步東遊吳會三月而返深秋賦別約明春再至而湘鄉以是冬移任京畿庚午復蒞兩江君以老不復出今春以詩文稾刊本寄湘鄉分詒諸友值公薨薛叔芸觀察代致之展卷閒如對故人我知其聞湘鄉之訃當爲絕弦也壬申孟夏下弦

周叔米詩跋

叔米先生績學好義發爲詩歌上下古今豪宕感激其於賢人君子將尙友千載而與之揖讓講論也其於姦諛之徒幾欲握拳透爪口唾而手戮辱之烏乎詩以道性情豈不然哉而皃爲風雅者諧聲曼辭摽竊近似曰吾唐音也溫柔敦厚之敎也吾以爲此詩中之鄉愿而已屬東南多故棘心蒿目有不忍聞睹者君據事直書不少假借或靳之君曰此小雅之義也詩以傳信匪以傳疑讀我詩者其君子邪則當感動奮發其非君子則亦不暇讀我詩矣所箸駕雲螭室集凡若干卷又采摘南宋故事爲新樂府意內言外亦以寓譏切覺厲大鴻輩摭拾瑣細徒供談資者有莛楹之別其它西湖雜詠

古泉詩雖皆絕句往往小中見大信乎洪鍾無纖響也光緒建元季秋君與寶山陳同叔介青浦何補之見訪於郡城之復園出眎全集深厚淵博不禁望洋向若而歎而猶謙抑其辭屬爲論定豈非脩人間天之高於侏儒哉假讀三月往往有取我胸臆而出之君筆者卽又不解已之何以久不能自達也書此以坿楮尾東坡生曰

蓼蟲吟稾跋

載馳之四章曰控於大邦誰因誰極其卒章曰百爾所思不如我所之蓋婦人之思忳而壹義憤所發有過於大夫君子者蓼蟲吟一編身當寇亂深思遠慮有魯監

門漆邑女之志至其直書所見激昂慷慨則得之家學爲多抑亦載馳之嗣音也光緒建元嘉平月

跋張文敏畫朱竹

文敏書法冠一世畫則少有傳者嘗於柘湖姚氏齋頭見尺幅折枝梅姿致高絕今不可問矣此用枯朱筆作竹根蟠健有千鈞之力橫出一枝秀勁無匹自跋引蘇語謂人間當有數百本吾恐未必有二本也光緒丙子春鳳山攜眎屬跋藉識眼福

馬愼甫愼庵圖跋

才如諸葛武侯而以謹愼稱況凡人乎然孔子言愼而無禮則葸何哉君子義以爲質禮以行之非義之所在

戒謹恐懼惟恐蹈之愼也義之所在勇往必赴惟恐失之亦愼也豈徒畏葸之謂乎故由愼而充之曰敬曰誠曰存心養性不愧不怍其功無盡由不愼而積之則放辟邪侈以極於無所忌憚詩曰戰戰兢兢如臨深淵如履薄冰斯君子之愼也咸豐十一年冬遇愼甫滬城沈靜簡默誠如其字別三閱歲矣今來金陵相見訢然以此圖見屬夫山林泉石文人學士之所以陶情適性及放者居之或至於詭辟傲惰君獨以愼名庵思深哉愼甫高才盛年由此積小以高大幾於聖賢之域蓋未可量要其始終當得力於此予爲之跋非以阿君亦冀自警云同治三年冬仲

書顧女刲臂圖後

吾邑顧竹虛翁二女先後刲臂療母疾聞其事者爲詩文以紀翁族子翯以眎且乞言予謂刲臂之事當倉皇急遽計無復之迫而出此若一轉念閒卽不能爲矣世俗或執不敢毀傷之說爲疑夫不敢毀傷者以身體髮膚受之父母也今以父母之身療父母之疾豈與凡毀傷等乎殺身成仁孔子猶取況於父母且由刲臂推之其至性過人可知也其侍疾之際必能盡瘁竭力可知也其平日服勞奉養必能先意承志可知也由是以事舅姑侍夫子其必且禮備而誠至可知也卽其孝而概其賢庶幾乎哉夫君子不必以己所能爲者責人若其

於人之善必先返之已身能否而後爲不欺其志也是冊也備志乘之采達輶軒之聽以坊表於鄉里不無益於教孝故爲之書其後

書盟心古井圖詩冊後

鳳山所爲盟心古井圖者予既爲之題越五年予歸自金陵君款門來謝出所輯題詞以示則已栞印成冊鴻章鉅篇炳炳滿紙乃謂之曰母夫人之節大箸矣抑予亦孝子矣哉鳳山泫然曰鑫卽不肖何忍借吾母之苦節博孝子名哉竊聞母之述吾父素志讀書以失怙就賈常用是鬱鬱冀不肖之能繼其志而不肖復以貧故棄書烏乎傷哉鑫賈人也功名不足以自顯文采不足

以動達官貴人思惟求當代立言君子錫以華衮俾吾
母之節附以不朽此鑫之願若先生所言適重鑫不孝
之罪耳鳳山端厚誠實由衷之言可信也抑嘗繹其行
迹而論之以爲兄之子猶子也兄死而撫其孤子以成
立篤於天性者或優爲之若夫妯娌之閒相聚三十餘
年而無一言之閒此誠母之溫恭淑慎足以感之然而
其用心艮苦而所以訓其子者至深且切矣卒之叔中
落而鳳山常濟其乏叔無子而鳳山兼承其祀善乎韓
子夏之說詩曰冬種桃李春得其華夏得其陰秋得其
實豈不然哉因書於册末以告世之處骨肉閒者同治
癸酉冬〻自金陵返書此時初識鳳山也

江南提督忠愍陳公祠堂記 代黄小田

繄古藎臣效命疆埸竭力盡智扞禦一方不幸而捐軀殉國既已家喻其節人懷其德矣而好義之士猶必追溯生平莊其廟貌俾崇祀於勿替其非徒示感慕而已亦俾瞻仰者有所動心觀效知爲國家守土當如是也

維軍門同安陳公之涖任江南也甫七日而以防堵英吉利駐吳淞口與士卒同起居飲食撫之如親子弟惟擾居民者治如法它皆無間日訓以禦敵事宜及施放火器利便軍亦倚之如父兄如是者三年道光二十二年夏英人由浙窺吳口兵艘大集五月丙辰公率師拒之自爇大礮毁其三艘敵逡巡將卻而別將守小沙背

者引兵潰走敵從其處登岸督師亦退舍遽馳使招公俱公揮之益爇礮迎擊火藥且盡敵火槍雨至中公要害武進士劉國標負公奔數十里匿葦蕩中乃走嘉定告督師迎公屍殮狀貌如生事

聞

天子軫悼下部贈恤如制准立廟殉節所在及原籍於是吳淞口及上海各有公廟矣松江郡城爲提督建節之處紳士卽西門外秀甲園舊址因故屋數椽祀公顧未遑崇飾十餘年於兹上舍王釗達夫乃慨然曰郡城去吳淞口餘百里自公戰死敵據上海我郡人民走避星散幾空城者數月由是以思公三年障蔽郡人實受

其福而不知所報可乎於是唱謀於衆集資更新益擴而大之督飭羣工不避寒暑又自措千金以資其絀落成之日凡官於斯土者及都人士女四方商賈跪拜瞻仰莫敢不敬莫敢不肅益咄咄道當日禦敵事或歎息泣下烏乎自英國受撫不數年而粵賊大起蹂躪吳楚所至城邑望風先靡其能如公身先士卒奮勇殺敵絕吭折脰而無所退避者幾何人哉幾何人哉某避寇松城躬逢盛舉王君因介靑浦何昌治補之屬爲記且言王君故寒士而能好義向善爲不可及予於是益歎王君用心之厚而公忠義之氣入人深也烏乎登斯堂也其爲國家守土宜知所自奮矣

丁氏祠堂記

予既爲丁君竹邨序其族譜竹邨復進曰市南舊有支祠一所八世祖昭德公兄弟所建歲久失修先父蔗園公暨書圃伯父欲改爲宗祠沮於衆議未幾竟圮先父病將沒諄諄以此志命吾兄弟絀於力久不能舉遭粵寇之難族益貧同治癸酉致祭於始祖本泉公墓慘然念兄弟五人今吾獨存齒將六十矣設負遺命何以對先人乃即墓前謀於族衆成丁以上人日輸五文光緒乙亥始卜地立堂屋神櫥猶不能備物議增輸五文猶未敷乃稱貸集資歲收所輸以償今而後將以次修舉焉慮後之人不知始事之艱而忽不加意仍請記之以

垂久遠焉乎自廟制改爲祠堂而大夫士庶皆得以申其報本追遠尊祖敬宗之意顧惟有力之家能特建祠宇貧者僅置龕別室而高門大宅起居華煥問其祠屋則曰未立世家宦族雖有宗祠榱桷不完神櫥傾毀者比比也寇亂以後燼於烽燹蕩爲瓦礫拔宅徙自同於空桑者更不知凡幾竹邨家事中落課蒙自度乃能節衣縮食銖積寸累以爲此舉遠可以對列宗近無慙於乃考其意念深矣後之人監此艱勤宜如何擴充增益使之勿替哉夫祖宗積德以詒子孫子孫之所以報稱者族譜耳宗祠耳猶憚不爲此而恣縱於聲色嗜欲以自儆其身至於荒墜厥緒宗祠覆焉聞竹邨之風亦

可自勉矣乃因其所述而爲之記光緒丁丑正月

上海徽甯思恭堂記 代涂觀察

宣歙多山犖确而少田商賈於外者什七八童而出或白首而不得返或中歲萎折殮無貲殯無所或無以歸葬暴露於野蓋仁人君子所爲傷心而況同鄉井者乎滬邑瀕海五方貿易所萃宣歙人尤多乾隆中好義者置屋大南門外備暫殯此思恭堂所託始也然區隘苦無以給嘉慶閒諸司事捐貲又廣勸樂善者以次斥大之始有聽事丙舍以便辦公增冢地以廣埋葬儲費以施歸柩道光中休邑汪方川太守攝觀察至滬善之迺倡建西堂請免地徵諸茶商助施衣衾復捐釐置產以

裕經費於是堂之制益擴充矣今夫作事謀始固人所難然有其舉之而繼長增高以底於美備非實心力以任勞者孰能之若夫美矣備矣而深思遠慮即事應變俾前人之功不墮而後於我者有所遵循而無廢弛則允有難者當咸豐癸丑庚申閒滬兩遇寇亂堂故停櫬千餘司事者謀出倉卒毅然埋之賊至堂屋爲所毁而櫬得無恙烏乎其功悳所保全衆矣然嚮非此堂又何所藉手乎迄賊退興修重葺費踰萬千不勞而集煥然如故議者以爲非倡始者無以資後人之緣起非繼事者無以成今日之寬裕又非敏達善任者無以從容御變而不失其常諸君子以予鄉人請爲記予竊慕方川

觀察之高誼又適承乏是邦不敢辭如其實書之若其條例之善與諸君子姓名則具於徵信錄云

橫溪新室落成記

歲己酉雲閣宗老始構新室於橫溪之上令子象九勤督之朞年落成屬爲之記未有以應也越歲癸丑粵氛內擾土匪乘隙滋事不罹於難者幾希爾此鄉地僻而土腴俗樸以儉富者易爲蓄貧者易爲守城邑之人望爲樂土顧何以致此葢人心風俗漸漬於不自知習尚日以靡資生之計日以絀於是富者削貧者或鋌而走險所由來可思也張氏世讀書積善居此逾二百年雲翁長厚儉約象九亦能守家法其教後人者可知然消

長之機不可不防其漸也故記之不須而以規

思桂堂記

金山熊露崖先生故豐城人也明初以世襲指揮衛金山遂家南門

國朝順治初其五世祖蕙生公始遷於今所居草堂堂後有桂先生因以思桂名其堂屬記於南滙張文虎文虎曰敢問思桂之義可得聞乎先生曰嗟乎吾少也常嬉戲此桂下花時裒裒忘去及壯出游燕齊趙魏之郊南至甌越垂三十年去家恆數千里每寄書必問桂無恙否白首倦游歸入門而吾桂如故則色然以喜往者颶風堂且圮海氛之來一日數警居人牽鳥獸散而吾

以祖父留遺守之不忍去至於今今以是名堂豈惟桂之云欲使與堂爲終始也文虎曰然則桂之齒長矣先生曰然吾年八九歲適潘氏長姑者嘗指以示曰八生顧安得如此桂乎予幼見桂婆娑然今桂不改而予行老矣是時姑年五十許其沒也年九十今又二十餘年矣文虎曰嗟乎文虎家杜浦老屋東廂前桂高過屋極文虎七八歲時及見之愛之如先生昔日也既而鬻於他氏惘惘再遷今就婚此邑將亦爲金山人矣歲時省墳墓過老屋傾穨十八九設廡而居者數家問桂樹則摧爲薪久矣聞先生言能無感乎雖然吾見若高門大宅朝版築而夕易主者多矣三槐五桂田氏之荊不旋

踵而榛莽焉蓋祖宗創業之盛而守之難如此然則區區衡門老屋固無足道而先生之所以名此堂者益可深長思也先生曰然幸卒爲吾記之遂書之爲記

復園記

郡城出披雲門百十步曰馬衖有廢園徵之志蓋即元陳家園也自元以來不知幾易姓而屬青浦陸氏咸豐初故友陸雪亭嘗招與金山錢學博鼎卿暨其季子子馨飲於園之亭今二十餘稔矣子馨家遭寇播遷學博既没展轉數載近始購居此遂更新其園去歲予自金陵歸訪子馨喜其斂躍跐之才以就軌範爲名之曰復園其堂曰謝華啟秀之堂馳書皖江孫廉訪書其額今

春復來工以次落成子馨請一一名其處乃記之曰謝華啟秀之堂者假陸士衡賦語也堂南面纍石爲山曰石林以界於園中屈曲爲蹊徑其平處多蒔牡丹堂之左曰肄書廎廎側有柿一株甚繇取鄭虔事名之堂之右曰玉暎山房玉蘭高三四丈花時瑩照如在元圃其上有樓古松當牕晝夜聲謖謖題曰天風海濤子馨昔由天津航海遭風濤之險願無忘在莒也出山房繞廊稍右有室曰松石閒又右小亭臨水曰萍簃其水曰勺溪沿溪而北曲徑右石級曰雲磴納級而登樓有廊曰涼月宜夏之夕樓以宿客名之曰盍簪又上曰山光墖影樓此學博昔題城西小樓者今因之下磴左略彴渡

勺溪棗樹橫斜作花時香徹而清名之曰棗香橋橋東入石林鑱旋而上有亭翼然桂十餘樹環其周向陸君招飲處也名之曰金粟亭北面與謝華啟秀堂相向下亭左循廊數步有室如船曰壑舟旁臨勺溪舟之前老梅玉蘭緗桃雜花翠竹間之有臨流之樂無陸沈之慮守之以定心其勿爲大力者所負哉循勺溪左轉當涼月廊之下有欄檻與老梅隔溪相望曰耐寒檻檻東月洞門當棗香橋檻北有板橋佇立閒輒憶林逋詩句題之曰暗香疎影過橋則仍入壑舟也下金粟亭右循廊曰春陰館以階下多海棠取陸放翁詩名之又右小亭曰且止可小憩又循廊稍北曰味蠟庵黃梅二樹交香

前後誰謂蠟無味哉其南垣有屏通石林庵當啟秀堂東南出庵即堂涂矣勺溪僅一曲然冬夏不涸薈有源也予嚮本以郡司馬筮仕浙省厭奔走之勞而歸眞返樸以求林泉之趣何必平泉金谷哉夫臨水足以洗心撫景足以適興觀艸木榮謝足以悟盛衰之理俯仰今昔足以辨憂樂之端易曰中行獨復又曰不遠復无祇悔此吾所以名園之意也光緒元年仲春之月南滙張文虎記

記高麗人書畫

高麗人申緯行書劉眉士書盟歌二紙李寃艸書出師表二紙乎齋長安寺圖絹本一幅權園雜寫意小品絹

本四幅緯號紫霞官判書兗官翰林供奉嘗先後奉使
來
朝與熊丈露垄相唱和乎齋權園皆古人不可考并不
詳姓氏歲己酉秋九訪熊丈南塘出此以眎曰某至并
眉三見君之子雖幼顧其意甚相親類有夙契者聊以
此贈稍長或當憶老夫虎敬謝攜以歸授兒子錫卣曰
熊叟賜若高麗國人書畫其寶藏之錫卣展卷孰視甚
喜俛而思舍而作曰高麗國去此幾何曰蓋六千里曰
六千里熊叟且惡乎得此曰叟在京師時彼人以貢使
至以詩接洽乃得之曰敢問叟曷為至京師曰叟壯年
好遊嘗客京師既復出之山西河南福建離家輒數千

里今老而歸爾曰叟老而歸又曷爲不家居而居南塘曰叟失其配子若媳皆病廢不得已授徒南塘非居之也錫自愀然久之曰叟憊矣然叟能至南塘何久不來此曰叟聾且多病足弱易傾跌故不得來且昔者叟嘗來此若憶其狀乎曰憶之軀長以偉修眉而廣顙赬顏而白髭語則屋壁聲鏗然若相應曰來何云曰與外祖父與父言詩深夜不倦指案閒海棠巢詩鈔曰此固熊叟詩也曰能誦之乎曰能能解其義乎曰不甚解然則熊叟何如人囁嚅而不能對也噫孺子何知又奚責焉乃并詩授之曰若識之他日能解是詩益當知熊叟之爲人也高麗今復名朝鮮從俗所便故仍舊稱道光已

西九月十二日記

孤麓校書圖記

浙江文瀾閣在西湖孤山下功令願讀中祕書者許領出傳寫道光乙未冬錢錫之通守輯守山閣叢書苦民間無善本約同人往僑寓湖上之楊柳灣去孤山二里許面湖環山上有樓樓下集羣胥閒日扁舟詣閣領書命抄畢則易之往返數刻耳同人居樓中校讐湖光山色滉瀁几席間鉛槧稍倦凝睇四望或行湖濱數十步意豁如也朝日夕月晦冥雨雪湖之變態不窮而皆得之伸紙舐筆之際奇文疑義互相探索旁徵博引駁詰辨難或達昏旦游西湖率以

春夏秋無至冬者至又晝日夜讀書一樓若未始知有西湖者鄰人相笑傳說以爲癡而不知湖之奇吾曹盡之矣文瀾閣書多勝俗本然篇目卷次與提要時有同異或絕不類有有目無書者亦有名在存目者不盡四庫全書原本也是役也以十月初至西湖居兩月校書八十餘種抄書四百三十二卷同游六人金山錢熙祚熙泰顧觀光平湖錢熙咸嘉興李長齡南滙張文虎越六年而守山閣叢書竣通守乞吳興費丹旭補圖識昔游而屬文虎記之

十三間樓校書圖記

西湖寶石山之半葢有宋十三間樓舊地爲東坡守杭

時治事之所云今地入彌勒院郡人瞿君世瑛重葺樓三楹仍舊額曰十三間樓已亥庚子秋錢君熙泰續文瀾閣校書之役偕予兩寓於此樓前爲後湖夾岸卽錦帶橋西南袤對孤山之放鶴亭予詩所謂開牕看放孤山鶴萬古逋仙共髯翁是也動止飡寢皆在竹陰嵐翠中臨牕泚筆綠暎毫楮執卷而諷與梵唄相應天未曙聞鍾磬聲悠然披衣頓起視羣山猶夢夢也中閒出游湖上諸勝地西至天目九鎖南渡江登會稽探禹穴訪蘭亭修禊處或一再宿或逾旬乃返返則仍校書於此樓時績溪胡農部竹邨元和陳文學碩甫同寓湖上胡君精三禮方爲儀禮正義補賈氏之疏漏陳君專治詩

毛傳亦作疏以糾孔氏時時過從商搉疑義益讀書之樂交游之雅登臨游覽之勝三者兼之矣昔東坡居杭游跡止於洞霄宮未嘗過浙東其時牽於一官讀書交游之事能如今日與否固未可知而吾兩人以物外之身兼斯三者而有之非厚幸與錢君笑曰東坡讀破萬卷交徧賢士大夫身行半天下而予乃以是傲之傎矣予曰東坡大矣何敢言雖然泛泛宦海名編黨籍舟車所至曾不得一日安處老竄窮荒備歷憂患其視吾兩人閒鷗野鶩翱翔山水閒安知不顧而樂之抑豈惟東坡將當世實有企羨之者錢君慨然太息曰有是哉子之言蓋有為而發也既歸倩工作十三開樓校書圖遂

書其語爲記時道光二十年臘月

師琴友酒圖記

師琴友酒圖者滬城沈君揖甫自寓其所樂也滬城夷夏雜處商估雲集珍奇巧玩妖冶姝麗蕩心炫目不可殫悉君皆無所樂獨樂從賢士大夫遊侍養之暇篤志風雅尤善鑒別書畫四方文藝之士挾技而登門者若鳥投林而魚適淵也盍觀於此圖而知君之所樂異於世俗之所謂樂矣今夫琴之於樂猶三代之遺制也其將有事於此也必先正躬壹志凝其神調其氣然後引緩而鼓其疾徐止作進退往復之際穆然不啻與古君子相酬對於几席閒也今夫酒之爲物惡濁而貴清舍

漓而取醨君子飲之以通鬱滯釋憂思和血氣而合賓主之懽是故以琴爲師而君之所師可知也以酒爲友而君之所友可知也雖然有進焉今夫古人之於琴禁吟猱絕綽注取其和平沈實泬寥淡泊之意或乃苟取摽急浮脃之音以娛俗耳此與琵琶箏笛何別乎今夫古人之制飲禮登降有序酬酢有文獻爵有數或乃叫譹屢儛沈湎而不知止此與溺口腹而縱嗜欲者何別乎然則君之爲此圖也將與二三師友同樂其樂以古人之意交相勉而以其失交相規其眞異於世俗之所樂矣噫彼肩摩轂擊朝優伶而夕狎邪者固無足以知君之樂若夫流離顛沛啼飢號寒避寇於茲土者雖知

君之樂而不能有其樂也有客瞿瞿釂而徐趨四顧躊躕援琴而謳曰山嶄嶄兮水深深思古人兮求其音竹箭有筠兮松柏有心君子樂胥兮異苔而同岑揖肅肅然而起洗盞謝客援琴而和之屬南滙張文虎爲之記

洗葵軒家傳

公諱某字某別自號葵軒金山國子生幼慧從吳孝廉籍亭學吳不輕許與獨器重公期以遠大而公父椿塘公官滇南母陸常病不離牀笫因廢書治生所入寡家計益絀乃就幕浙江先是某君者嘗爲公家操奇贏挾資行賈中道會

朝廷開捐輸例某君遂藉其資如部既納而後報謝椿

塘公怡然命復書曰君大才宜以時自展是區區者媿不足大裨君奚謝為某君遂以縣佐歷數年擢鎮海令至是迎公至署再拜曰某不肖微公家不及此今某幸以上游舉為縣令縣令

朝廷親民官舉動關一邑恆惴惴懼無以稱顧嘗辱公知願聞所以無負此職者公曰

國家承平久以寬大為治民相習為夸靡不知禮義有司務嚴科斂不卹民隱以政教為具文才黠之徒創立邪說誘民罔法敢為悖亂結黨援犯畿輔山東河南相繼騷擾今教匪甫平歲比不登民氣未靖急宜申禮教明賞罰緩追呼省疾苦嚴保甲以緝匪類清訟獄以釋

株連撫之以恩而示之以禮此書生常言然苟力行之政不出此矣夫鎭邑濱海俗頑而鄙浮夸而易動不得其具不可得而治也乃爲某君畫一所以爲政者邑大治偁令君爲神父公之教也公爲人誠恪令君信之篤事無大小倚公以辦公益自任竭心力爲之勞瘁無所卹凡數年於是患咯血常念父老母病不得已出遊爲負米計鬱鬱自傷病益進半年卒於幕所時嘉慶二十五年也年四十娶張氏四子次儁曦諸生書濃劉文淸

厝巖香公家傳

公諱玉基字魏陵別號巖香世爲嘉善人性亢直重然諾急公好義卒爲地方倡植選愞拯急難雖竭貲無所

悔友張某將死託孤於公公撫之如己子為之納粟入國學朱某者欲入監無資公亦代納粟男貧之賴以舉火者數家邑令喬有惠政被劾將去君悲其枉走送之餽以千金卒得開復原官里有訟不決者輒就公公徐以理折之皆心服去訟遂已遇無賴子勉以善不悛則痛斥之酗酒博塞之徒率帖息改行當是時其所居里曰張涇滙者俗稱醇厚云公少孤篤孝事祖父母喪葬盡禮以母命婚嫁同產弟姊妹皆從厚伯父未婚而夭其所聘女相繼死公以長宜嗣請於女家而合葬之年逾五十事母孫孺慕無閒及母卒哀號欲絕屏絕葷酒既小祥猶時時涕泣竟得病卒年五十二公產僅中八

而豪於施與又好排難解紛故聞其名者或以爲任俠者流然乃不知其內行肫摯若此身乎不可及也長子某早卒公繼娶姚余婦之諸姑也生鈁謹厚事母孝有父風與余善述君行請爲之傳以系於家乘

姚蘇卿先生小傳

蘇卿先生金山詩人也姓姚氏名清華字麗藻號蘇卿姚氏自明中葉以來世以功名德業顯江浙間至先生獨以詩名遠近皆稱蘇卿先生云曾祖宏緒翰林院編脩祖培益刑部員外郎父念曾湖北應山縣知縣先生幼慧父授以漢魏六朝唐人詩輒能解悟聞效吟詠戛然自異族黨間固以詩人目之矣父沒年十七孤貧無

以葬有族人棻為江西巡撫千里走謁投詩甚喜會大置酒滕王閣先生居末座俄分紙賦詩先生操筆立成合座傳觀咄咄皆歎服巡撫益奇之欲留幕中以母老辭歸旋喪母服闋補庠生秋賦屢報罷遂棄舉子業悉力於詩先生於古人詩靡不窺李杜韓蘇諸大家集皆背誦如流舉其立言之旨一一不爽及其下語神施鬼造自成一體未嘗有所規仿武康徐熊飛雪廬仁和汪農竹隱嘉興張廷濟叔未皆與先生為文字交同邑丁繁培溉餘嗜先生詩尤篤為梓其弦詩塾集六卷行世先生脩髯短視好讀書手不離卷秩為人醇謹狷介誘掖後進如恐不及與人語喔咿若處子然其論古今史

事是非得失忠佞賢不肖遇所不平掀髯張目面發赤斷斷不少假借人率迂笑之先生既鬱鬱不得志門祚衰落所聞見皆非顧無可語者年且老行自傷悒發之於詩慷慨激烈淋漓酣嬉欲起古人而友之年六十六白髮盈顛改號壽雪子作壽雪子歌今著集中道光十年文虎始見先生先生贈以詩云君從意外逢知己我幸生前見替人後五年文虎娶先生從孫女就婚姚氏與先生日過從以詩相商搉二十三年秋文虎游燕辭先生先生曰子行矣予老病且憊不得復見柰何淒咽而別後先生兩馳書京師乞爲小傳皆不達比明年五月文虎自都回而先生已前三月卒矣先生一子殤嗣

從子某夭復立從子某之子某爲孫先生卒年七十有一所著弦詩塾集晚年悔其少作病中删訂改竄爲四卷藏於家

張文虎曰先生詩人也或曰先生非特世所偁詩人而已也學者讀先生詩如其自傳焉予重先生命不敢辭謹述先生生平梗槩及其所以爲詩者如此

繆介夫先生家傳

先生諱福照字錫蕃號介夫江陰人世讀書好善鄉人所偁繆善人家也先生少惇重天性孝友好學攻苦屢試被放歲饑家中落走依其戚某於湘潭轉之廣西客博白令博君幕既博君擢知左州將别延先生密室陳

白金三百爲壽曰以左州遠家累留博邑某不得已入烟瘴多病事未可知敢以妻子託別出千金曰脫異日有緩急某子少乞爲料量先生曰敬諾屬博手自封記未逾年博暴卒有黠僕稔託金事潛率匪人夜入先生室盡劫囊篋以去然博所授金故在枕函中明日徑持金請見博夫人公子還之指示博君所手識塵封如故而以前白金三百爲賻博夫人公子乃大驚泣下拜卒經紀其喪俾同旗絕不言被劫事初博白試童子人贄四緡得錄名以上寒士率罷試先生言於令免之就試者數倍博君去先生客大嶺埠鹺商家地荒落民居尟少薪米雜物期五日互市貧不能豫儲或三旬九食陰

雨益無所措先生遇墟集輒多市物備貸恆以時周䘏其極貧者居六年嶺人感之嶺故多私梟貧無恥者迫飢寒往往爲竊盜至是相戒毋使梟入境而誓勿復行竊曰柰何辱繆公繆公且去衣冠攜土物送者盈塗欷歔歎息至無所見乃止去嶺之平樂再客南里久之歸病卒嘗誡其子曰我別家二十年足跡幾萬里以一身歸然吾好急人之急所存契皆人負我子孫賢何用此不賢徒累人其亟焚之至世上無名錢吾未嘗敢用豪釐凡用無名錢者快一時久必獲禍汝志之子徵甲長厚有父風

張文虎曰先生廉潔不苟取而氣誼忱摯忠厚之意惓

惓於物所謂古君子與雖窮而在下無所表著然卽一二事可見其爲人觀其遺誡知繆氏之未有艾也明德之後必有達人爲先生後者可弗勉與

鳳翔府知府柯亭朱公家傳

朱公諱琦字又韓號柯亭一號鶴聞其先汴人宋南渡時遷松江遂爲簪族明山西布政使右參議海曙公諱正色其曾祖也祖兒餘公諱之驥由府庠貢入太學有聲幾社別有傳父松列公諱竦上海學生高節醇行爲郡守方公岳貢所重公幼慧日誦千言及長博覽羣籍尤好陸宣公奏議大學衍義試有司屢困兩入都無所遇川東道曹公節民攝蜀臬邀入幕時兼綜茶

鹽驛三道公所治井然藩司金公儁亦每以事咨爲忘
形交居三年忽心動告歸未幾吳三桂寇川東人皆爲
公幸公愀然顧以不及與曹平其難爲恨築別業泖上
讀書古松下以詩自娛曰朋松集康熙十四年
大軍勦鄭錦公佐閩藩姚公啟聖幕十七年姚公擢總
督進拔十三寨漳泉十五城以次恢復方中秋宴集諸
將捷音至姚公舉盞屬公有報最同君脫戰袍之句明
年適粵東將循新例納粟應試時尚之信方猖獗粵撫
即金公也挽公勸入貲捐縣令留佐軍幕賊平始謁選
得山東曹縣力剔姦弊弭盜賊舉廢墜河決城南日夜
董役築隄疾風暴雨無所避田廬賴無恙總河靳文襄

公以諳練河務舉授兗州府同知馬陵山諸缺口水由青萊諸山下夏秋水發直趨郯城滙駱馬湖入黃河勢尤險舊有禹王臺當其衝相傳本禹所築捍水入沭河以歸於海者也明季郯令取臺石甃城水遂上溢爲害總河王公新命議復之勘估需金二萬兩以任公公結茆工所寒暑不輟工速竣而費不及半猶牽河工靡帑案解職總河于襄勤公知其才舉監理大工久之敘勞補湖北襄陽府同知遷陝西鳳翔府知府治行俱如曹渭水溢寶雞岐山扶風郿四邑皆被灾公方謁撫軍於郿民愬灾者蜂聚撫軍曰無然爾朱太守能活爾公溫語拊循收灾呈三千餘紙皆唯唯退即縣示渭河兩

涯令民插牌究地四隅書明田數誣報者許自首寬免
乃案實清丈不數日繕冊請振撫軍服其敏鳳翔領八
州縣簿書殷湊公剌斷平允案無留牘訟庭闃然無何
以鳳翔令誣揭前令公坐失察罣吏議事旋雪而公竟
引年歸民攀留數十里建祠祀之會戶部題請開復有
勸駕者公曰人苦不知足某一介寒畯遭逢
聖明官至郡守涓埃未報顧年力就衰獨宜退休林下
教子孫爲異日報稱地耳何戀棧爲公幹練有謀略爲
當事所重然勤愼謙退以清白自厲常以勉其後人箸
有曹南東魯江漢西岐諸讞略其族高安文端公爲之
序自奉素儉薄而御下以寬於戚族誼尤篤歸田二十

年卒年九十子二毓沅字德先岐嶷能文十六入婁庠殀以毓淞子椿嗣毓淞字滙三例貢生年十二隨公鳳翔劬於學尤屬意經濟嘗侍公夜治文書有疑讞試之應機立辨公固愛其慧而憂其體之弱也無何亦夭卒

論曰公參閩廣軍事蓋六七年佐平二逆大帥倚如左右手苟竄名捷書覬敘一官慮無不得乃僅以貲郎注選何邪近世庸吏皋皋訿訿苟取充位它日志乘爛然輒數百言予讀郡邑志僅不失公姓名豈子孫所述舉不足信與蓋榮瘁顯晦皆有幸不幸存焉儌倖於一時遺譏於後世今人所矜而昔人所恥予於是知公之志矣

都察院左都御史性齋朱公家傳

鳳翔公之孫椿字大年性齋其別自號也幼孤露育於大父母年十一從鳳翔公謁高安文端公浙江撫署一夕署後古樹忽産二芝大如槃文端喜曰是兒它日當遠大因命小字曰雙芝公行止厚重而內實穎敏嘗從鄉先生董宏武學舉子業顧喜古人歌賦論議之文私效之董見而笑曰孺子焉用此然頗奇許鳳翔公春秋高二子皆前沒益愛憐公年十八即爲入資注府通判先是柘林諸處海水衝突頻爲民患雍正二年春

朝命文端公馳馹履勘集有司紳士策所以捍禦者鳳翔公預焉既

請帑采石築塘大工未集而鳳翔公卒公承先志勤效力木石之用沙水之宜如素習凡十年乾隆四年工竣議敘一等銓授湖北荆州府同知旋攝石首縣事又兼沙市通判沙市號疲難地當江口水陸衝要商旅所集姦暴叢生公至勵保甲嚴出入禁博徒窮盜藪法在必行民大治督運入京引

對稱

旨擢浙江金華府知府倡義倉興社學士有貧不能娶致訟者給以錢幣即公庭命之婚義烏民墮水死其族假以陷所讐案已論抵公察其誣釋之民以爲神遷溫處道署鹽運使以大母喪歸服闋補福建興泉永道下

車卽訪獲闖棍三十三人搜起煎製鴉片器密緝漁戶楊成美許二等虜劫商民案盡獲之置諸法境內戢然坐溫處道任內誤薦教授王某鐫級引例捐復補湖北驛傳鹽法道督治武昌闢政兼權武漢黃德道建議改設應山諸驛而量裁水驛以省勞擾疏調鹽引以紓商力黃州大水按行災區稽口授食無濫缺黃梅江隄直鄱陽湖口首當其衝公履隄周度申請加築遂絕崩潰之患擢廣西按察使聽斷明允無留獄上林土匪陸李能聚衆爲亂冒瘴癘疾馳撲滅之釋其波累者以二十餘日蕆事

奏八

帝嘉悅梧州徼接安南有廣東嘉應州姦民越境滋事其黨千八公馳勘分別流竄無所枉縱遷雲南布政使清釐積案安插耿馬土司罕朝璣等皆懷德畏威土夷遷內地者游惰無恆業仰給於官日久難繼公請散處民閒官貸之錢俾得務農懋遷選其壯者編入軍伍帝命阿文成公涖滇詳核如公議嘗出勸耕見父老教之糞田戽水以江南農具詳箸圖說頒布郡縣調廣西布政使公用心精密遇事不苟故自丞守歷監司並以幹練爲上游所倚及躋藩臬務持重總大綱不事苛察常以屬城數十八戶萬億而官民闊絕幽隱纖曲無由身接而目察舉動少誤爲害無已故往往慎守成憲然

其有所施爲必長顧遠計每出一令上下翕然雖智能之士莫之易也述職入

觀

帝從容問所歷官土壤沃瘠歲時雨暘民情習俗政事劇易公敷對如響皆中體要

帝益嚮用就晉本省巡撫俄以兵部右侍郎

召尋拜都察院左都御史未幾以疾卒年七十有五公性和粹未嘗立厓岸然猝遇艱險坦然無所懼相傳官湖北時以

萬年吉地購巨材奉檄入黔絕八寨度萬山窮索谿峒嘗陟山顛見巨蟒方屈首飲澗中尾盤古松長數丈從

者悸避公色不動徐戒無譁輕行踰嶺竟無恙人皆以爲難公第曰此天幸耳嗜書籍蒐羅甚富公餘卷帙不去手著有作吏要錄閒中集藏於家公子候補中書科中書焕焕子國學生基基季子府庠生錫光以鳳翔公及公狀來乞爲家傳如此

論曰記載或云公父未婚而夭所通婢遺腹生公外舍僕隸私養之數年始以獻故有父無母然公自撰鳳翔公行述言初生鳳翔署四年而生父没又十年而陳恭人没章章可攷殆傳聞失其實與予覽公子焕暨門人宋思仁所列公事實年次有不相掩者輒以公所自述參定之著於篇

浙江黃巖鎮總兵世襲騎都尉羅公家傳

公諱光炤字映寰别號覲亭先世廣東饒平人明嘉靖間有巡按廣西監察御史普者公六世祖也曾祖士鈐

國朝康熙中應大將軍和碩康親王募征臺灣積功授左都督世襲騎都尉歷湖廣鎮筸協副將入籍福建漳浦祖鳴淇由騎都尉歷浙江溫州中營游擊公父若桐隨任娶於瑞安遂居之公幼即沈毅舉止端重然聰穎絕人九歲學爲詩會有乞塾師題劇場額者戲屬公公應聲曰當眞看一半驚異十四棄舉業習騎射未冠技已絕倫公父不樂仕進命公襲世職補閩安水師營都司時臺灣逆匪林爽文反提督海澄公黃公仕簡率師

籌剿乾隆五十二年春公隨總兵郝壯猷剿賊南路大木降大湖崙仔頂新園橋仔頭二十六戰乘勝復鳳山旋以兵單爲賊所襲潰回郡城隨將軍常青效力敗賊柴頭港參將潘滔被圍三崁店公救之時夜分命爇火四山爲疑陣乃當先殺賊二百餘圍乃解又擊破屯匪焚其寮再敗賊柴頭港港故產鹽當臺課之半賊涎利屢犯顧野無可守公命壘鹽爲壁力敵數十晝夜五戰卻之卒保全埕復搜剿南潭竹戈厝三崁店竝山岡蔦松莊諸賊十一戰斬級無算生擒賊目蔡懷蔡陣等十餘人奉檄由水路援東港運道而賊據上游官軍不能相應公捨舟揮兵疾擊斬獲過當賊潰散乃置義民復

序墩饋餉始通總兵魏大斌援諸羅命公以五百兵駐鹽水港賊至敗之調援鹿仔草大戰於牛天厝無影厝大崙等處五勝之時賊圍諸羅復奉檄馳至自辰及午突圍入參贊大臣柴大紀命備西門賊來攻戰敗之乘勝至南門拔它將於圍是時城中糧且盡請救者爲賊偵獲圍益急公乃命別將陳師誘敵自選卒出北門抵大水均刈賊莊禾賊截於牛欄溪戰敗之獲禾三百餘石歸以餉軍於是日與賊戰五戰五勝賊益大發兵圍城僞帥擁旗幟瞰城氣熾甚公大呼直前搏之賊大亂火槍雨發倉卒閒鉛丸洞胷貫背昏絕兩日始穌召醫剜之丸入骨不可出及嘉慶初公以川沙營參將引

見
睿皇帝問臺灣時戰狀
命大臣驗視傷痕頭等
賞戴花翎公之被
主知始此當公之受傷也賊益晝夜攻城不息公裹創
督戰激厲所部以一當百賊畏之呼爲小羅軍被圍凡
六月而將軍福康安公大兵至始解圍命哨捕水掘頭
賊賴月等捦之諸羅乃肅清
天子以官兵義民守諸羅效死勿去易邑名曰嘉義也
五十三年隨提督蔡攀龍剿賊中路戰於灣裡溪獲楊
學鄧等二十六賊梟之戰於定山令槍礮先發以牌隊

猝乘之短兵相接賊大敗獲其偽征西將軍楊君選龍堤（案此據年譜書之欽定平定臺灣紀略作楊臺選龍是）參贊大臣海蘭察公命公擊牛頭莊賊大破之俘百七十餘人遂檄公任行營收訊事公搠立竹牢分禁男女以三等定罪脅從者編入義民初犯未傷官軍者刺字再犯者劓刵傷官軍者斬從賊婦女如之童稚及婦女被掠者楊親屬歸之無枉縱者又命捕牛稠山賊陳拔萃等斬之獲火藥鉛子槍礮有差凱旋委督辦善後冊籍敘功以水師營游擊陞用當公曾祖士鈐從征臺灣時克紅毛城等三十六島殺賊萬四千餘人功常冠軍今公復立功臺灣相望百年抑可謂善繼矣歷任福建澎湖左營游擊江南奇

營游擊川沙營吳淞營參將京口協副將浙江黃巖鎮
總兵所至力振綱紀尤嚴緝捕屢獲巨盜時蔡牽梛阿
全方橫行海上獨不敢近公所轄境其任川沙也川營
故多守戍有月餉無裹糧不足以養生送死故人不樂
爲兵皆市井無賴充籍而已公特捐廉爲倡集資生息
以助喪葬又令一兵有事衆兵各助制錢二凡可得十
五緡應募者日衆乃練之遂成勁旅其任吳淞也有姦
民販私竊捐海塘邑令往禁之勢洶洶將反令倉皇歸
牒請發兵公以精卒百名赴隄徐遣老成弁兵反覆申
諭稍暇出不意猝捦其首事者數人且急築塘半日而
蕆事其任京口也當嘉慶二十一年英吉利使徑由天

津入貢
嚴旨申飭後
命遵貢道歸國守風京口公整飭卒伍嚴守備宣布
德意親慰勞恩威竝施英使私詢公姓名爵位畏而敬
之有誤傳高資東境鹽梟拒捕者鹽政飛檄發兵府縣
移催絡繹至僚佐來請公徐曰已部署矣久之寂然夜
漏二下出高資覆稟示衆曰予固知此事之罔也蓋鹽
巡與肩販者鬬不勝張其辭以聳鹽政圖報復耳或問
公何以知其罔公曰高資張都司素能詎事聞鹽政而
無一字稟予者衆咸服公靜鎮其在黃巖最久酌定海
捕章程籌益經費添設資糧篷索歲時巡洋會哨不恤

勞瘁別用小艇僞飾商人以弋盜故獲盜尤多道光初元奉

旨回奏訓練兵丁事宜略云到任來督演官兵馬步諸技不使一日閒斷弁兵習常技既精仍令兼習拳勇視優劣爲賞罰勤惰爲勸懲其將備千把務令於本營本哨之兵明紀律洽志意一旦有用則不啻臂指之相使至舟師除該兵本技外令習風雲沙汕㮶繚斗椗諸事槍礮逼近乃發戧駛力爭上風策精於勤冀一日收一日之功一兵得一兵之用公軍政概於斯矣海中南田山袤延數百里草樹蒙密口岸斗險故盜穴也有司以土性肥沃議召墾浙撫帥公承瀛以問公公以地縣海

中鑿之徒爲姦人利擬以石浦同知分巡其地仍撥弁
守之冬則焚其柴草俾姦盜無所匿帥公韙之如其議
浙舊設米艇歲修重制府欲裁之下黃巖定溫三鎮會
議公獨持不可云嘉慶初安南夷艇入寇官軍以戰船
仰攻非便創造米艇費至鉅今遽裁汰非有備無患之
意議遂寢葢公忠孝豈弟兼文武略當官勤愼善撫士
嚴而有恩事上以禮有所咨必以誠告故所歷諸大帥
皆重公公益自撝謙循循然所謂儒將也公在狼山開
百蜨詩社與馬有章李惠元張桂林李惇李懿曾馮元
錫唱和其在京口則所交應讓徐元佐皆知名士自作
擘窠大書顏其堂曰澄懷其不廢文事如此休致六年

道光十四年舊創發卒年八十子景含景鄂景聒含先卒鄂二品蔭生今河南候補知州聒國學生

贊曰凱旋彙賞功歸專閫史體記載大略而已偏裨勞勩豈能縷析哉予據羅公年譜書公功尤詳薟家傳宜然且以見爲將者非徒坐擁齎糧進退觀望而已當嘉義圍解公威名日著忌者或讒之蔡公授以老弱卒戰守具咸弗備以試公中路故產竹公令多取竹立柵塗土爲帳削竿爲矛銳其根以代鹿角裹糧於衣摶以土爨篠葉以造飯慰疾痛均勞苦有獲悉以賚衆故所向有功蔡公按所部歎曰君才未可量吾過矣遂折箭訂交呼以弟昔之爲偏裨者如此噫

愚庵錢公家傳

公諱樹芝字瑞庭別號愚庵先世自奉賢遷今之金山祖鏗嗣父溥義皆以行誼從祀郡孝悌祠事具松江府志公兄弟六人公其弟五也少習舉業試有司不利遂棄去居家篤行善事族子咸熙少孤敏悟特延師課之卒舉於鄉戚淩早故婦節孝撫孤存恤倍至又助貲營葬其三世妹沈夫死殉節家徒四壁經紀其喪葬招撫諸甥男女卒為婚嫁他族戚貧乏者周恤之類此嘉慶十九年大旱將赤地公倡議疏濬秦山塘日冒暑往督畚鍤於是支港通利農田稍有收公之功也歲歉發倉中糲米量給窮戶率以為常自奉儉約敝衣疏食如寒

素而凡橋梁溝堰衣寒食飢醫藥棺殮有益於人者惟恐弗知知之惟恐應之後也性寬厚待人無上下必以誠遠近識與不識皆曰錢公長者治家有法延名師課子禮貌肫至諸子定省則述先世德澤勉以孝悌忠信至成人猶不置生無他嗜好閒以金石書畫自娛然無所凝滯志專於爲善也卒年六十九五子熙恩熙輔熙祚熙哲熙泰熙祚出繼弟樹蘭後公以國學生議敘縣丞用熙輔官封修職郎

張文虎曰爲善而見於顏面謂之德色內豫策其圖報謂之市心此或勝於嫂溺不援者爾予嘗見公謙下樸訥其於善行所無事或面偁之蹙然曰此祖父所常爲

吾奉行之慮弗及爾何足傳者烏乎爲善不當如是邪

章斗山家傳

予與張鴻卓偉甫不相見者四年同治二年春遇於滬城相對如隔世各愺恅逃避賊困頓狀少閒偉甫遽曰子知吾婁有詩人章韵之乎予曰不知也曰子誠不知韵之韵之且有求於子爲渠翁作家傳而取必於卓子其毋辭予曰異哉予文何足傳求之如是其摯也章氏何如偉甫曰翁之先即世傳東坡所和楊花詞章質夫者也明有工部主事憲文者翁之九世祖有兵部員外郎

國朝賜謚節愍入忠義祠簡者其七世祖也家世以儒

名庠序間翁之父煥母雷俱以孝聞於鄉里予曰請聞翁之行誼偉甫曰翁孝子哉當十二歲時父病劇翁籲天求代至五日父忽若囈語者再三云增壽一紀翼日遂瘳後果歷十二年而終翁年五十餘猶孺慕無閒予曰孝子哉此一足傳矣偉甫曰翁五世以上祖墓大宗中落翁肩任祭埽從子汝桐少孤露翁撫之如已子卒以成立門人夏某力學而家貧翁返其脩脯凡及門者多有所成就以去翁爲人正直恥干謁於朋友忠告善道無後言咸豐元年

詔舉孝廉方正郡邑上翁名力辭不就偉甫又曰翁少歲以文爲郡先達雷曉峰徐雲舫所重世傳撥鐙法學

顏魯公書著性理輯解章氏本支譜尊聞書屋詩草藏於家餘凡爲制舉家學者不暇舉也明日手韵之所爲家狀以示與偉甫所述略同烏乎士惡行不副其文今翁之孝與凡行誼既足以自傳卽何賴予文姑爲之以酬其意可也翁名夢斗字兆星號斗山後改名倬又號改生妻諸生子錦早卒次汝梅卽偉甫所謂詩人章韵之者也偉甫曰郡城兩遭賊躪喪亾離散無復有人言詩文言詩文者韵之一人而已

惺齋姚師家傳

文虎束髮從吾師東渠姚夫子習句讀師見以爲可教敎以對偶五七言詩稍益以文選唐律賦經解古文辭

及制藝以應學使者不售時道光三年也是秋東渠師
病卒其冬文虎疊遭先祖母先君之喪貧不能負笈就
館里中訓童子於是吾師惺齋夫子詔之曰子文不利
於應試其以所業來爲子正之文虎固不喜爲制舉文
歲不及十篇或復踳弛不合軌範師輒舉以戒門下士
然意實期許越三年文虎倖入學明年就館柘西歲時
省墓返或應試郡城謁師一二面逮道光十四年冬旋
里而師已捐館舍矣悲夫師諱煒琥字超南別號惺齋
居南滙之周浦鎭世業儒聲庠序聞考諱伯驥嘉慶丁
卯舉人候選直隸州州同師昆弟五人其季卽吾東渠
夫子也惟師爲州同公後餘皆出後伯叔氏州同公沒

師猶未冠也讀書課徒束脩所入竭力養母母火安人性嚴毅督責備師下氣怡色務得母懽入邑庠之年而吾東渠夫子以暴疾沒火安人所尤鍾愛也哀慟不自勝師百計解慰常踰午夜俟母寢適而後退飲食服物母所不喜弗復陳所悅必極力以供逮火安人沒喪葬盡禮纖屑無遺憾人以爲寒士所難師天性和易無疾言遽色其爲文亦如之典雅合度不事馳騁而理無弗達歲科試輒高等學使者知爲名宿隆異之善飲工八分書篆刻求者常闐門雖醉走筆應之無難色里育嬰堂者師高祖某公所創建世相繼經理師每司月徒步察嬰行數十里嚴寒甚暑必親往然師自火安人沒常

悽愴傷懷言及必垂涕境益蹙名心漸灰甲午科以國
友勸勉至省門未入闈遘疾歸二日卒年四十有二配
金氏州同公同楞生奉賢金公女後師某年卒二子長
其鈞字石一能世家學次其鉞嗣吾東渠夫子女一適
九品銜楊天森孫三師箸有桐陰閣詩文集成語二千
字文古字彙考皆未梓嘗輯自明以來一家應試制藝
律賦爲吳興試藝刊於家塾讀者歎其門才之盛嗟乎
文虎自受業師門兩夫子皆以殊常見待盛年倏忽餬
口四方今積然老矣無所表箸於里巷其可愧也夫石
一以狀來乞家傳因并敘從學始末附見焉東渠師諱
煒球字海南先惺齋師三年入府庠詩文超邁援筆立

就爲同輩所推服卒年僅二十有四嗣子其鉞者亦未婚而夭師遂無後悲夫悲夫

王望溪家傳

道光甲申予始館同里王君家課其子世彥王君隱於賣藥然風雅工隸書山水宗董文敏尤長墨竹豪於飲時君戚文學周墉堅伯亦能畫顧不善飲予少能飲又不知畫然三人者常相聚聚未嘗不設飲談笑爲樂也其秋君以鄰火沿爇其屋移居市東則與予及周君居尤近而君家以火中落明年遭父喪境彌索寞自是予館浦南君客滬城周君遠遊粵東數載歸不得意偶相聚相對惘惘欲尋向者之樂不可得矣咸豐癸丑粵賊

據金陵閩廣匪亂滬君困賊中三年家益窘而世彥從予同客柘西稍得以所入助贍養及辛未粵賊自浙東竄予挈家旋故里見君猶康健惟天寒則龍鍾見老狀其冬賊又東遂各逃難相失予棲滬城世彥奉君及家口航海居海門踰年返同治癸亥世彥約予僦屋市西同居日無事與君酌酒談往事是時周君沒二十年矣且歎且感不自意其身之尚在也然相聚不半月而予以湘鄉節相招赴皖是年君七十予郵詩爲壽明年君喪偶移居市北丙寅春予自金陵歸視君加衰颯矣及今年三月再歸聞君寢疾亟往視則時時作喘息飲食甚微然言語性識了了猶能起坐醫者皆言脈如平人

於是閒輒往視問君何所苦君曰苦夜不得寐寐則恍惚不可名狀又多畏怖常須人伴臆此陽欲絕而陰上乘可慮也君命工繪小像為獨立圖屬予題其首題數日予赴金陵又數日而君訃至烏乎與君交四十有六年而今已矣君為人坦率無城府孝於親友於兄弟睦於族信於友苟成人之美未嘗以無力辭君諱渭熊字文載別號望溪祖籍浙江之慈谿曾祖諱某始遷川沙父諱元材字茂春再遷周浦仁厚長者也君生於乾隆六十年乙卯沒於同治八年己巳年七十有五配周孺人後君一年生先五年卒別有傳一子郎世彥國子監生孫某年弱冠矣世彥敏於事事親至孝及一切與人

皆如君身乎周君沒無子子子避難力竭病死於滬城獨君享高年有令子能繼君志君不死矣夫

陳孝子傳

人子事親之禮具曲禮內則諸篇顧未聞有以此僃者豈庸行不足異與抑無其實而強飾其文不可以終日也而今乃得之陳孝子陳孝子云者其鄰里鄉黨所共僃也其狀曰孝子之事父母也晨興趨寢門俟啟而入問安視盥漱問所欲雖甚難得必致之先意承志惟謹晚俟父母息乃息出告反面有所喜必潤色之以怡父母有所怫鬱無絲豪見於色如是終父母世未嘗改又曰孝子父病死長號過百日繼以母老多病強制哀慰

母側席母室衣不解帶聞母聲即起問狀餘二十年寒暑無間或以事出雖遠不外宿咸豐十年粵寇犯松郡孝子負母行二十餘里至上海之顧橋乃止當危急中奉侍無少缺夫其居常也如彼其遇變也如此謂之孝子安哉狀又曰孝子謹於祭祀魚菽之薦必誠必敬族人修譜及建祠屋墓舍必竭力以助戚友告貸雖缺乏必盡其意其自奉嗇待人寬勤於事事嚴於教子又飭事爾烏乎大傳有之曰親親故尊祖尊祖故敬宗敬宗故收族經有之曰愛親者不敢惡於人敬親者不敢慢於人吾不知孝子之習於禮何如如狀所云固深合禮意者哉狀又曰道光二十九年孝子母病篤乃默禱天

割股肉和藥以進病竟瘥同治九年母又病遽沒孝子日夜號泣誓隨母死或慰之孝子曰吾婚嫁事畢而事親之志未償何生爲越六十五日憊甚命其子曰余死以壘衰殮其早謀所以葬祖母者遂卒或曰刲股之非昔賢已論之經言毀不滅性而孝子近於不勝喪於禮何居曰先王執中以制禮使夫過之者俯而就不至者跂而及孝子者過乎中者也抑愈見平日之所以事親者天性之眞而非矯飾於文貌此不可以議孝子孝子姓陳初名裕猷字仁山別號菊巖婁邑人少讀書應有司試屢絀納粟爲國子生改名宗源父春元監生母范宋文正公二十四世孫女世居松郡西郭外之南埭里

避寇顓橋以故居燬遷天馬山其殉母以卒也年六十有一有子四曰某某某某沈君樹鋒以狀來爲作陳孝子傳

姜雲亭家傳

往嘗聞郡先輩范君雲卿述姜先生雲亭之孝與其好善也事必徵諸實不欲爲無益之舉而慷慨之名心竊識之它日於廣坐中望見顏色聆其緒論誠盛德長者而服范君之不虛譽今讀

恩慶編益詳先生家世蘊德門之興非偶然天爲之抑亦人爲之也先生諱熙字懋昭別號雲亭華亭附貢生自父格堂府君以上凡六世皆以孝行節義蒙

朝廷旌表別有傳具於譜先生性至孝喜讀書旁通醫家言平生所爲善事不可殫舉最著者創蠲華邑賓興田一節爲善之大者尤孝之大者也初先生祖次謀府君鄉試病逆旅力不能致醫藥歸而遂卒孺人陳傷之苦節四十餘年病革語先生父曰苟能自立必思所以助寒畯者而格堂君以家累重不得如志爲憾以勖先生先生念之不敢怠力勤撙節家稍充遂首蠲田以爲合邑試士賓興費自是以後多有聞風興起者寒士懷才欲試或以窘乏寢得此資以成名者比比羣歸功先生先生竦然曰此吾先志也獨營建宗祠及先世孝子坊置義莊贍族田給貧寡乳孤幼稍長者資其讀書習

業創立尊親義塾延師課里中寒苦子弟鄰右戚族婚嫁喪葬皆有以周恤之文廟洒埽會文昌祠堂豐備積穀倉郡城同善堂青浦同仁堂皆蠲田爲助又置義冢收埋遺骼道光癸未己酉兩水災蠲貲尤倍先生産僅中人人以爲難咸偁道之先生又曰此吾先志之所推也烏乎善則歸親先生之好善也蓋其孝也先生雖樂施濟衆未嘗有德色至於僧道寺院土木道觀則不聞喜捨此又異於世俗之所謂好善者其好學至老不倦著有敬學堂文稾一卷宗規一卷

恩慶編者先生所輯六世

旌表傳略及當代名流題詠也所校梓者有張蒿庵老

子說略陳文恭公訓俗遺規及遠祖宋白石道人詩詞集板皆燼於兵燹同治元年先生避亂於青浦翼賢港宗祠一日飯畢放箸卽逝實無病也年八十有三子三棪南金緘品純金緘以先生事略及恩慶編求爲家傳固昔所心識也不敢辭因掇其大者箸於篇

浙江候補知府林公家傳

公諱鈞字陶然號怡如先世籍福建同安曾祖諱彥貞始遷居松江西門葬於橫山祖諱潤玉少與戚吳設質庫奉賢東門遂家焉後吳逋公款監追乃竭資產代償家以中落父諱國賓諸生常客外母患風疾公尙幼侍

奉惟謹每晨必視母膳而後入塾弱冠一應有司試以
貧故棄儒治生養親能先意承志家漸隆讓祖遺屋與
兄瑜自構居隙地奉邑善堂向附三神廟將廢公過之
見額惟善字存歸告於父父曰孺子勉之天下惟善爲
不朽耳公遂奮志倡建同善堂於邑廟東規制詳備是
時胥吏積弊鄉有人命案四隅見炊烟者無不橫擾民
患苦之公建議畫定經費由善堂給弊遂絕相傳邑爲
言子所至地倡立專祠又增葺節孝祠置田畝葢邑城
中高而窪遇水潦四門皆不可行乃倡甃石街道路便
焉它類此者多或儕之則曰吾父所教耳父母沒皆極
哀毀喪葬盡禮其居鄉如此道光之季以縣丞需次浙

江補山陰攝上虞令大吏嘉其能舉卓異調署甯海咸豐元年署嘉善二年再署上虞題補黄巖調烏程五年調山陰保陞同知擢知府仍留視邑事公所至以除莠安良興賢愛士爲本理積案恆至夜分平情讞鞫愼敲朴寬株連獨嚴於盜賊不惜重資緝捕故民皆懷德畏威於其去也輒相與歎息其在烏程也有長興某謀佔其弟遺產親屬挾弟未字女訴府府委訊公呼女略問數語命肩輿送之歸斥某曰爾讀書明理不念手足情致閨女露面涉訟邪亟還弟產嫁如己女否則執法重懲不爾貸某數强辨卒不可易有弟兄爭產者令當堂講家人禮久之皆感泣去粤寇逼境上游命勸捐助餉

時當收漕民悍弗應且滋事知府欲威之以兵力請緩諭以大義卒樂從增設義塾養濟院蠲廉課士拒絕苞苴縣聯於所治曰一秉至公兩造毋庸請託分文不取四鄉莫聽招謠士民以爲信其在山陰也有張孝子者以小販竭力養母母病癱常扶持之垂二十年已不娶而爲弟娶婦以延宗祧公首訪得之爲建坊營屋助饔飧馬林烈女者李某童養媳也有蕭山生寓於家豔女色重金啖嫗嫗逼女不從閉置絕餐某夜歸復逼女仍執不屈乃絞殺之負屍將棄城外方登巡卒至倉猝倒植城下反索女於母家遂涉訟或見女屍以報乃繫某於獄六年未竟公理獄究得實雪女冤論如法爲建祠

及坊曰林烈女絕之於李也其爲縣令如此十年署甯波府時省垣初復賊逼嘉湖餉需支絀公以恩義激勸數月得百餘萬大吏

奏保道員廣匪肆虐郡中將謀不軌密請於提道率兵搜緝得無事十一年冬賊陷紹屬各城四路環撲援絕餉缺激厲軍民登陴死守如是兼旬而奸夷有通賊者城陷公自墜不死復自縊者三從小閣跳而下又自刭皆遇救免適舊部踵至知提道在定海遂招集民團往助之同治元年四月從攻甯波自辰至未一鼓克之捡獲賊數百主兵者欲殲之公請鞫釋脅從者三百餘人甯紳陸某充賊僞官肆惡城復猶廁紳列招要乃以獨

事邀至署午餐餐畢略詰問縛而誅之衆以爲快方獻馘夷人騾馬至致救公曰陸某中國罪人殺之何預爾事設爾西人有犯法當殺者而我阻之可乎夷語塞而去又籌餉增募壯勇八月督帶廣濟軍身先士卒攻克紹屬各城旋以前失守處分被議委赴上虞辦釐月得二十萬遂克紹城而公已積勞成疾矣二年總辦山會米釐力疾從事紹紳聞公來皆踴躍恐後三月而集事當大事能任重如此大吏皆知公得民心也咨請開復藩司蔣公益澧頗重公進攻嘉興函招不能往是時公久病然神識不衰終日危坐猶自檢公牘遺命薄斂勿濫訃卒年五十八配顧恭人先公十年卒簉室何孺人

子二孫九公天性孝友既官浙痛父已歿乃迎養兄瑜於署事大小必以咨公餘貲悉歸之自奉廉約而樂成人之美友陳寶善自金陵逃出解衣推食俾習幕助鐍府經歷爲游揚當事閒旋得知縣洊擢知府凡族姓姻故稱貸者必量助之嘗曰吾自筮仕歷二十年家中不增一屋不置一畝庶可對部民目及其卒也幾無以斂烏乎予與公仲子憚煒交述公生平多可紀者撮其要爲家傳足以見公爲人矣

張沛霖時霖兄弟合傳

張九思字沛霖九宜字時霖兄弟也仲清十六世孫九思年十四父歿伯兄作霖以任俠破產家貧甚鄰有操

布者日睨之遂能其業主識其誠篤深見任以所入孝養盡禮擇壻嫁姊與時霖次第婚娶凡族窮無所依者悉牽引之俾成業作霖病臌舟輿四出求治不言無錢死復爲之斂年三十五積勞發病卒子鑫僅三歲家無贏餘時霖摒擋兄喪請嫂同爨奉嫂如母撫鑫如己子營葬三代每述兄樂善好義受欺不較以訓鑫而自謂不如勉以成立性忠實一如兄排難解紛不以宿怨辭晚境洊絀有告窮乏者猶力周之然疾惡太嚴性復疏忽卒亦爲人所欺以貧窘云

孝匃傳

孝匃姓哈回種也居安慶城南門內哈排巷長不滿四

尺臂攣脛跛肩背戾舌强語嚍嚍不可辨日匃於市以養其母母年垂八十衣服完好充然不知其爲匃者母也當粤賊陷安慶時人民逃散不及逃者率遭賊毒孝匃母子不能行獨相守不去賊憐其孝亦恤之卒得全身程周學濬御史首爲孝匃行述其事海甯李善蘭繼之且約所交集貲月給其薪水遂不復匃於市兵部員外郎武昌王家璧孝子也父以累戍滇徒步往省者再卒奉以歸養是時江南賊未平父勉以報

國促從軍皖營聞孝匃事慨然願助之且爲詩詩成而父訃遽至投筆踊哭曰吾愧此匃吾愧此匃

讚曰孝匃傫然貧人形肩背手足口語皆不靈而獨知

孝其母蓋其心全乎人也彼靈於肩背手足口語者視孝匃蔑如也然肩背手足口語之靈徒人形存耳王兵部之言曰吾愧此匃吾愧此匃人亦毋以肩背手足口語傲匃哉

張母陳孺人傳

蜀魏國忠獻公之裔居南昌大木山者在明有南京兵部尚書諱鏊設險備倭民蒙其福其十一世孫璲以孝行為今爵相湘鄉曾公合肥李公所知即陳孺人嗣子也璲與予善述孺人之行詳云孺人姓陳氏邑布衣斗輝公女年二十歸贈徵仕郎茂東公三月而徵仕君服賈貴陽孺人事姑盡孝是時徵仕君祖翁年九十餘善

病孺人奉養惟謹勤於操作每鉏園采樵晝紡夜績以佐日用凶歲餌杞根榆葉觀音粉石脂也從其俗稱以充腹而甘旨無缺洎祖翁沒姑欲減食指時令居母家居母家鍼紉所出仍以奉姑忽一日心動歸視姑則姑方病急求醫藥月餘目不交睫病日甚乃刲股和藥以進卒不效姑撫之曰汝侍我瘁矣如命何汝夫久無耗吾死汝往尋汝夫昔我舅遺所拄杖今畀汝當佑汝行且保汝壽似我舅也姑沒孺人百計終喪事遂遵姑命單身三千里赴黔而徵仕君已病不久卒孺人銜慟摒擋衣物護柩歸南昌無子境益困有人所不堪者孺人未嘗言苦也如是數年徵仕君有疏族子幼失父母無所歸孺

人憐之飲食之以爲常初孺人嘗夢徵仕君子一丸藥至是復夢或予柏一株植庭中甚緐以告其族族老者曰兆其在此子與遂勸撫以爲子孺人從之命就村師識字名之曰璲孺人畜之厚教之嚴曰不從艱苦中磨厲卽不得成人璲稍長亦能體母心然自度貧不能讀書取仕進又意不喜近市廛乃學爲篆刻圖繪得升斗米以養母閒作詩見志人稍稍重其孝旣而遊京師湘鄉公偁之名益起及公督師祁門璲以小官留營同治三年克復江甯委攝如皋典史乃迎母至任繼又委理安豐鎭差缺攝鹽城典史孺人謂璲曰官無大小宜盡職一也且自尙書公以來世以清儉力勤爲家法汝勿

負職吾日啜菜羹亦飽不則雖列五鼎吾不食也遇水火蝗旱惻然禱天幾廢寢食身乎孺人之孝之賢之刻苦厲節天報之以孝子宜哉璲泣下曰璲何能孝凡璲之得以爲人皆吾母教耳璲又言孺人在黔時徵仕君有友某託積金而遠遊臨沒以屬他日某至孺人詰姓名畢即出金還之某感泣將分金爲謝孺人曰吾夫不負友吾不負夫奚謝爲卒不受自黔歸攜一婢視若己女稍長矣歲荒族人勸鬻之以度歲孺人曰不餓死當禮嫁忍賣女救飢邪見孤寡老弱窮餓者每輟食食之比鄰一家十餘人病疫親戚屏跡孺人以微鹽煎湯飲之爲其啟閉者月餘里有死無棺者抽壁板與之其好

義如此璲鹽城得代奉母居江甯踰年奉檄于役京師歸而孺人病篤湘鄉公貽以人蔘服之竟不可治同治十年四月壽終年九十五果如姑所言

王孺人傳

王孺人者盧氏浙江黃巖舉人塤之女孫處士肅烜之女而王君某之室也幼穎慧通五經大義旁及文史年十四失母哀毀不食處士固喻之彊食無何處士病求醫久不效乃泣告天請以身代刲左臂肉和藥以進病果愈稍長適王君事翁姑如其事父母諸叔小姑幼教之讀書若弟子然及於婚嫁皆盡心焉勤治內事卒以身先妯娌子就外傅入覆其所業必精熟而後寢暇則

伉儷以詩唱和爲樂咸豐十一年粤寇竄浙東是時王君父及仲叔兩弟相繼沒矣王君與季孳全家避難邑之石磬轉徙蘘坑地在萬山中兄弟每重趼踰嶺數十里負米返孺人先潔膳奉姑以次及長幼已獨餐薯蕷或薄糜和麥屑充腹而已及明年十月寇退得歸而孺人已病矣亂後益困猶力佐王君理家焦勞不得息同治四年竟卒年四十有六孺人生子五長禹堂邑諸生次元祁國子監生次士鏞士驥士鏡孫四人所作詩散佚禹堂收輯之凡一卷曰焦尾閣遺稾藏於家烏乎孺人在室爲孝女既嫁爲令妻爲順婦爲賢母且備極艱困而不失其常使爲男子亦士之貞者矣而年止於此

益甚矣夫天之不以貧富夭壽爲禍福人也久矣

張烈婦傳

咸豐十年夏五月粵寇竄松江十三日擾婁之天馬山鎭監生張世寰妻鄒氏沈水死世寰從妹如皋訓導金山胡光宅妻挈其幼子女繼之是日郡城陷文武官皆遁惟婁令卞乃譝戰敗死之張烈婦者青浦鄒某女在室以孝聞及歸張姑前卒而夫常負米外出獨事遺舅十餘年無違禮撫小姑幼叔飲食衣履紡績誦讀周且摯姒婦卒遺三孤育之亦如此皆以至成人舅疾篤佐夫侍湯藥晝夜不息竭嫁具以濟匱乏遭喪盡哀族黨偁焉張故貧烈婦躬操勞不自恤率諸女籌鐙治女紅

至午夜益課諸子以塾師所授書必使成熟已乃偁說
古人忠孝節烈立身行已曰勉旃爲人當如是也粤寇
陷蘇常勢且亟胡孺人者世寰叔父婁庠生錫保女也
自郡城避地依世寰家烈婦謂之曰寇深矣設不幸遘
難吾與若惟捐此命完白骨耳毋偷生辱先人及世寰
郡城歸賊已逼婦麾使速去遂與胡孺人走避深林閒
賊掩至烈婦遽赴水胡孺人抱攜子女從之皆死事聞
忠義局
奏請
旌表曰烈節坿祀昭忠祠烏乎人情好生而惡死彼烈
婦豈獨異哉孟子曰所欲有甚於生所惡有甚於死誠

講之有素也胡孺人者益亦奉敎於嫂久矣夫惟卞令爲無媿於二女子哉

張節母唐孺人傳

張節母唐孺人邑沇莊唐振矽女也母李氏無子苦節課女童以自活孺人承母訓讀四子書通大義適六竈張沛霖賢孝知大體動必以禮無疾言遽色比舍之勃谿詬誶者皆爲之感化年二十八夫故子鑫生甫十三月孺人指門前井自誓勤苦撫孤和於叔娣傾心下之孤就傅歸勖以成立無微不至俾事必稟承叔父終身無閒言沛霖之斂也薄且殯孺人常以爲戚鑫旣以服賈起家厚治父葬值叔中落孝養如事父母且力行善

孺人至是乃有喜色曰好爲之然汝貧家子稍裕止勿負人財既而曰吾今而後可見汝父於地下矣同治三年歿年五十七其族戚閭里皆額手曰見孺人守節凡三十年如一日也鑫爲人敦厚依仁義長人鉅德每偁重之泫然曰鑫幼孤露未嘗多讀書鑫之所以得成人不見棄於長者者惟吾母之教也乃以孺人言倩善繪者爲盟心古井圖求當世題詠成巨册刊之十二年大吏彙題入祀節孝祠光緒二年建坊見邑志

儒林郎布政司理問雲閣張公行狀

曾祖文璣太學生

祖一籌金山衛學附貢生贈奉政大夫

父應柏例貢生

公諱烒字用和號雲閣先世出自南宋魏公宋末有太學生湍者始由蘇州徙居華亭遂箸籍焉公幼慧總角就傅有所問難師倉卒或無以應輒奇許之及長工爲制舉文每一藝出識者交口歎服以爲相如子雲之流而近世時尚號爲清眞雅正實乃漸趨於空疏公文典重不苟狥俗學使者顧疑之以爲非風檐寸晷所能爲以是久困於場屋道光三年以捐振奉

旨議敘重九品公志在正途將納粟入南北闈以一發其素所蘊蓄無何病痁數載不任奔走恆倀倀不自得而年且頹然老遂援例就職布政司理問杜門養痾以

詩文自娛公詩抒寫性靈不規規於聲病要達其所見
而止身程張鑑序其集比之白樂天楊誠齋非讕言也
有手訂聽鸝館詩文稾行於世公為人疏直乍接之若
簡傲然稍相習乃益和易處事誠信敦篤表裏若一遇
親族及故人子弟諄諄然勉以讀書治生無墜先業自
奉儉薄如寠人獨樂善好義鄰近之疾苦無倚賴者率
月給其空乏又捐置義冢以葬暴露水旱災荒濬河築
海塘修葺文廟肇建書院每捐資爲倡有司先後式其
廬以爲鄉里表率季弟振宗病卒二子皆襁褓公經紀
遺業條里井然償逋負贖棄產三年之中復其故有撫
其子如己子教誨不倦以至成立身乎骨肉之間嫌怨

易積屠沽市販欺陵孤寡影射乾沒此人頭畜鳴耳於士族何有然古人拮据捋茶綢繆牖戶猶不免於流言君子讀鴟鴞之詩爲掩卷太息也公處危疑之際決然自任逡巡十六年如一日內外無閒言烏乎難矣公高祖士正以善士著名郡志祖一籌以行誼崇祀郡孝悌祠公繼其後可謂無忝也已道光二十九年始命予家鼎營新築於所居之北常兢兢以苟完苟美爲勖既成乞余文記之咸豐四年公年七十親友將舉祝公扁舟近游避之冬十一月微疾處分後事纖屑無遺且曰我死其乞某爲狀脫然竟逝公娶吳安人先十三年卒子家鼎八品銜捐職翰林院待詔女適職員華式儒孫三

聲夏聲盛聲永夫人非瑰迹奇行之爲難而庸行不爽之爲難鉅人長德之生恂恂吶吶若無以異於眾人及其沒也遠近戚然追溯乎昔以爲此鄉此里無復有如是人者其亦可念也夫家鼎奉遺言來告義不敢辭謹狀如右

韓月泉述

韓君諱承恩月泉其自號也江蘇婁縣人幼孤性謹慤長服膺宋儒書仕爲浙江杭州府照磨進指府通判署溫州通判民俗盛賭博宰耕牛通判俸薄取資焉以爲常君獨不然嚴禁之俗以革咸豐末金錢會匪亂作道府縣皆先出君亟馳告總兵葉趣招巡洋水軍擊之半

日而復一月賊復至復擊退之巡撫王壯愍公知君材命主温屬團練曰事從所宜掣肘者揭之近地土賊皆懾伏同治元年護台州府知府台俗彊悍好鬥健訟匪徒恆劫質人取財而勢豪坐分其利君慨然曰俗之敝由治不平也於是大修政刑勤於聽訟日不足繼以夜案無留牘請謁不行民皆以爲善受代署同知駐天台綜理民團事粵寇犯金華據東陽爲要隘葉鎮檄君赴勦君選台勇數百人直趨東陽親冒死督戰賊敗遁去獲倉穀萬石盡發民間平糶民大感悅厚餽君概卻之強之受一襆被一騎而已二年復護府事天台許姓族數千人子弟不肖者或事剽掠君過其地呼許父兄告

誠之皆叩頭流血誓禁勿再犯抵郡卽誅盜設卡者一人台民旣服君前政良者喜黠者懼皆願奉濃君欣然曰台俗可化也乃興學校以時宣講鄉約糾工新校士館台屬仰米於黃巖太平亂後道梗商賈居奇民大困君嚴緝土匪通轉運禁遏糴招商賈米價漸平先是有積匪徐景朋者據黃巖之奇田爲亂地險絕前守莫能問君急圖攻之而鎭將頓兵不應因請於大吏發兵未至而參將某縱匪出先突同知希慶營希死將襲城有密報君者君亟馳入城爲備而參將告大吏謂希死君不在行間大吏始疑君會都司楊應龍率兵至而參將密嗾景朋遁君曰賊渠不可失也縣重賞購獲景朋于

溫境誅之復馳至太平捕斬餘黨王明功奇田遂平乃定讞上大吏而邀功者已先報捷大吏遂劾君姑息於前張皇於後罷君職然奇田匪梗化久不誅渠魁患且無已當君之還民炷香燃燭以迎且張燈為慶及聞君當罷乃大譁羣聚請留代者逡巡不敢至是時君已病方力疾梭士促代者至歸以印綬而民閒愬曲直者猶日詣君又祠神請減衆算益君壽君竟卒於梭士館君故素封咸豐十年燬於寇至是囊篋蕭然萬民走哭爭斂錢為賻弔者塞衢喪歸所過道路多嘖嘖稱君治者猶逆旅逆旅主人噫曰此韓太守耶向非公此路絕久矣予與君從兄應陛善嘗識君沈靜人也乃不知其能

爲循吏如此以有用之才詘於不知己而鬱鬱以死悲夫

書劉軍門逸事

陳作梅觀察名鼐溧陽人言總兵陳振邦勦捻陳亡無子其妻方姬扶櫬南歸至淸江忽有陳姓者亦總兵也自詭爲振邦子欲奪其喪斂賻資婦大哭伏櫬上某强推之下顚而小產婦憤甚自縊家人控告府縣官及憲司皆相視嘿嘿於是劉軍門省三名銘傳方奉檄赴山東過此聞之大怒命卒縛某至數其罪卽斬以狥知其事者皆以爲快軍門今之健者功在史冊不勝書書此以志逸書潘塏

同治二年春三月淮逆苗沛霖復叛據懷遠破潁上圍蒙城夏六月再破壽州勢張甚安徽巡撫唐訓方駐軍臨淮僅自守是時大軍方圍攻金陵　欽差大臣節相曾公駐節安慶頗患後顧於是壽州老儒劉本忠獻策言三河尖練長潘壋與沛霖有隙壋有智略得人心可用以剿賊曾公亦知其人即命本忠招之壋感泣乃宣布曾公威德凡向爲沛霖所脅之十三營衆十餘萬地數百里皆願倒戈殺賊沛霖攻蒙城久不克南有楚師黨羽瓦解餉道絶勢大蹙冬十月科爾沁親王僧格林沁大兵至沛霖衆潰爲其下刺死淮南北遂肅清壋族居霍丘之三河尖蓋五百戸業耕且讀嘗應童子試罷

去以然諸重鄉里事多取決咸豐六七年蒙亳間撚匪起衆至六七十萬突至三河尖塏族被害者十七八廬舍灰燼不半年又至塏子立勳與塏先後虜展轉不得脫乃僞爲賊謀多倖中賊以爲奇漸見委任久之與諸酋埒所部常七八萬私與官軍通消息每以計逸其被虜者乃集諸酋議曰我曹衆且百萬不難以横行天下而徒聚處一隅此自盡之術也請分兵掠要地而大營居中應援勝算在我矣衆酋僉善塏自願北竄乃行數日徐語其衆曰我等皆

朝廷赤子不幸被脅今幸脫虎口獨不憶鄉里墳墓乎衆不敢應塏曰爾輩勿疑誠將終爲賊則殺我其願散

歸鄉里則我亦從此逝目衆皆泣羅拜塏遂散其財帛貲以路費七八萬衆一時俱散塏乃隻身奔壽州謁巡撫翁同書自陳且言賊中情形翁甚喜賞五品軍功牌命與沛霖合辦團練事沛霖者本鳳臺諸生爲人狡而險尤淫毒當賊起蒙亳沛霖藉團練名招集不逞輒殺其不附已者或攻鄰團奪其所有鳳穎數百里間懾其暴皆附之屢受薦舉至川北道布政使銜然非其意也塏知沛霖叵測不欲屬翁曰汝不彼附恐不汝容也塏不得已見沛霖語竟夕沛霖大悦徧志盡露塏乃佯爲腹心若向所以待撚者沛霖不疑也十一年春沛霖反攻壽州徵塏塏急至城已陷沛霖大殺掠塏力調護之

收所虜婦女遣還其家沛霖欲分掠光固五屬墟曰不可五屬本在我團練中其地富厚盍釋之爲它日籌餉地沛霖以爲然五屬卒得案堵不陷爲盜藪者墟之力也是年冬

朝廷命四路進討沛霖懼遂通連粵匪馬承和令渡淮困潁州又嗾撚首張樂行據淮上以牽制諸軍墟憂之乃密遣人說樂行曰沛霖爾讐也其反覆爾所知今勢迫相招得志且相噬矣爲爾計其廣收民圩以自備樂行信之如其言墟急啟沛霖曰樂行我讐也今乘我急廣收民圩因以爲利患在心腹矣不省則復馳白沛霖曰樂行圩日增氣益熾我十三營且向彼衆懼且譁猝

有變奈何沛霖心動乃約合攻之同治元年正月朔出
不意擊樂行破走之於是　欽差大臣勝保遣兵來解
潁圍壇因說沛霖曰勝公君之保師盍助解潁圍求自
贖乎沛霖從之是時壇先已納款於我軍乃往謁巡撫
李續宜言始末且曰沛霖雖受撫為緩兵計百不可恃
李然之彌重壇令立勳開勳中營駐防三河尖而勝袒
沛霖甚令淮北團練屬沛霖如故而仍札壇為沛霖貳
沛霖已知壇不附己銜壇壇陽奉沛霖特不與相見無
何諸大帥引兵它援沛霖遂復叛如壇言劉君故嘗招
壇知壇始末為予述之詳且曰當沛霖圍蒙城僧邸未
至微壇掣沛霖肘蒙城必陷陷則賊必北竄後患且未

易除也僧邸既滅沛霖以壋父子先納款免死戍邊而壋守三河尖嘗武斷鄉里事或遂殺人河南道御史奏壋父子不法同治三年四月追壋立勳還斬於市

昭武都尉江甯駐防佐領兼步軍統領卓佳公墓誌銘

代作

咸豐三年春粵逆洪秀全由楚入吳二月丙戌陷江甯駐防佐領輝翰泰公以其屬百餘人戰死闔族殉節烏乎忠義之氣能使人同生死蹈白刃糜軀折馘若烏就陰而水赴壑豈非恩信洽於平時而大節著於臨事哉烏乎盛矣公少好兵家言讀史至古忠臣義士每歎息泣下尤慕宋岳忠武之爲人其御下以仁善善而略其

惡貧不能婚葬者資之其致命遂志得士心而樂爲之死蓋有以也先是道光二十二年英吉利犯江甯城閉獨開通濟門公勒兵嚴防稽出入閒諜無敢近晝夜不輟凡兩月餘上游益倚重公當粵賊之東竄也大帥悉兵駐九江城中無備公憂之以語家人家人曰脫不幸惟闔室以殉耳公喜及九江兵潰大帥退回江甯賊隨以至急攻城儀鳳門陷公死力抵禦賊披靡公追之出城而城西兵薄賊爭援而上勢不可遏忽二騎馳至曰主闕門殉節矣某等來助主殺賊視之乃親卒關方吳三藍也公壯之是時所部卒僅存三百餘人公曰俱死無爲也揮之去去三之二餘皆從公遂追賊至漢西門

賊益衆公創甚復奮刀殺賊目數人力盡自絶從兵大哭皆死之而公族二百餘人或溺或焚或自殺或赴敵死無一免者公時年六十公姓卓佳氏諱輝翰泰字子辛世籍滿洲從龍入關駐防江甯代有功七傳至公公生三年而母卒育於世母黄稍長事父及繼母世母色養盡孝及其没也每祭薦必哭失聲以恩義率三弟有過則設祭先人泣而自責弟皆感化由行伍補驍騎校歷遷佐領兼步軍統領其居官嘗曰惟儉可以助廉惟恕可以成德其訓子嘗曰士子喜聞諛言學問必不進縉紳喜聞諛言晚節必不終此公所以自勵以勵人也公考諱福格妣郝繼妣傅配張生子延齡七歲而張卒

不復娶當賊至時延齡先以會試赴禮部不與其難而延齡妻胡子文愷女三人及公已嫁女洪氏婦并老嫗趙母子皆先公殉節公沒後十年而延齡爲舒城縣知縣明年大兵圍剿賊窮蹙無所逃命江甯垂復延齡故與某友善以書與狀來曰今而後可告我父於地下矣將負骨營葬豫乞銘於子某不敢辭謹銘之曰

卓佳之先代有藎臣式是吳邦威惠克信公遘其艱寇來薄闉奮旅一揮羣醜聿奔孰蹈我瑕豺狼滔天城亡與亡室家旣淪裂眥鬬評胡恤我身桓桓百人并命一辰生爲國殤死爲厲神殄滅仇讎後十一年江水湯湯有山嶙嶙風馬雲車往來茲墳

誥封恭人　晉一品太夫人錢太夫人墓表

太夫人故掌山東道監察御史錢君諱以同之配候選員外郎應晉三品銜花翎貴州候補知府議敘候選道應桂知府銜花翎福建候補同知應豐之母也光緒二年三月没於揚州行館之次越明年秋某月諸子奉柩歸葬於御史君之兆閣學仁和龔公既銘之矣應晉等復固請爲表墓之文辭不獲命謹按狀述之太夫人系出華亭鞠氏年二十四歸御史君當是時姑張太君以節孝賢淑爲女宗師太夫人兢兢奉侍惟恐失意旨井臼操作閒卽勤鍼黹以佐菽水洎御史君以甲科官兵部乃侍張太君入

京就養孝愼持家內外無缺俾御史君盡力於職事如
是凡數十年張太君沒御史君以哀毀卒銜慟督諸子
護兩喪回南時寇盜充斥冒荆棘霜露不自恤卒歸葬
祖塋咸豐十年金陵賊下竄所至奔迸太夫人曰受
國恩厚死難分也諸子涕泣請勉避居鄉閒及寇退歸
而產已罄乃典質衣飾率子婦親饎爨浣紉日惟兩餐
淡然不言苦常述張太君之教御史君者告諸子謂人
當求自立困阨非所憂也應晉等先後得官而應桂以
籌黔捐駐揚州迎母孝養果如太夫人所期太夫人慈
和節儉務持大體絕遊觀喜捨以為徒費無益而振卹
窮乏惟力是視是可以風閨閤矣卒年七十四葢與張

太君同壽生三子有孫三二女一適翰林高廷棟一適候選道張臚壽

憑几圖銘

几己音義俱別古不通訓惟孔沖遠曲禮正義云几可以扶己蓋聲之轉也錢文學熙泰爲憑几圖取惟己可憑意予謂己有可憑有不可憑任事植德飭躬懋學可憑者也氣質之偏意見之蔽不可憑者也在易渙之二曰渙奔其机悔亾渙散也奔亦有散義二失位無應而下憑於初陰明當去其私心斯不失其中故傳曰渙奔其机得願也然則君子之修己務審乎可憑不可憑以求得乎中正之道則眞能反求諸己者矣銘曰

據之毋偏撫之毋顛偏則蹶覆顛則折足几哉几哉何以安其體哉儀禮有司徹受宰几注几所以坐安體

候選訓導錢君殯志

予初識錢君于南蕩張氏越七年君從弟錫之輯守山閣叢書若指海招予佐其事君多藏祕袠時假校錄過從考論越九年而守山閣叢書成後二年錫之邀予同至京師明年錫之沒予南歸君握予手曰錫之已矣指海稾未竟盍贊成之乎予曰然又六年指海竣事而君又沒可悲也君狀貌偉岸大目廣顙爲人寬厚無城府好善樂施人咸謂長者法宜得長壽乃其卒也年僅五十有四豈相人之術不足信邪抑天之報施善人果不

必以壽考邪君性洒落不問家人事好與客歡笑圍棋賭墅勝敗皆欣然然自錫之之沒君常鬱鬱或言及之輒欷吁增歎隱然爲門戶憂蓋其所見者遠非他人所知也少困于童子試及爲學官弟子遂絕意進取久之用例注籍儒學訓導亦未嘗赴選入家居簡出以書史自娛其訓子弟以讀書爲善敦本睦族無墜世澤烏乎可謂篤實君子矣君諱熙經字心傳別自號漱六先世自奉賢遷婁之南鄉今屬金山縣地祖溥義父樹立皆有隱德君生於嘉慶元年四月卒於道光二十九年十有一月娶張氏繼室雷氏子培名培繼培炳培繼嗣季弟熙文爲後孫銘庚培名等請文其殯室予惟識君三

十有三年不爲不久數學相長開誠無隱交不爲不深
是弗能辭也乃爲之銘曰
宜厚其福緜其齒而止於此將以涘其子

文學盧君墓志銘

君姓盧氏諱祖潢字申濤號菉塘世籍范陽再遷至松
江之張堰鎭曾祖燦祖以恭父開書均以學行著君穎
敏篤學幼孤事繼母二兄孝友如禮同邑楊履基以嘗
湖陸氏學教授鄉里君從之游業大進然自未冠補博
士弟子員十應鄉舉不得志乃絕意進取閉戶著述居
不蔽風雨圖史纍纍盈几席丹黃甲乙寒暑不徹視榮
祿利達蔑如也竟卒以老箸讀易要義書詩春秋三傳

要旨三禮彙說十三經臆說讀史信筆香草編孫塘偶筆詩文集凡若干卷君行誼篤實恂恂有古人風遠近稱長者年七十門人將舉觴爲壽瞿然曰程子言人子生日念父母劬勞當益悲痛顧置酒爲樂耶是歲修族譜冬建宗祠記之曰子弟讀書則明理安分卽不得祿位猶無玷宗祖百其訓後人如此君生乾隆十五年庚午六月四日卒道光二年壬午十月二十日門人私諡文肅先生配蔣子有椒次有棠後君九年卒孫二寶煦寶烈以儒繼其世道光某年卜葬君於邑十六圖之原

銘曰

爵在天修者人有隱德者昌其門不於其躬於其子孫

乎

永安磚研銘

歲戊戌夏金山葉堃華於烏程山中獲古磚大者準今尺袤九寸廣半之博寸有四分文曰永安二年七月廿日吉小者袤及廣博各減十之二三文同無吉字案凉張寔北凉沮渠蒙遜北魏孝莊西夏乾順皆有永安年號然非其地晉惠帝建元永安不及期此爲吳孫休元無疑永安二年當魏高貴鄉公甘露四年蜀後主景耀二年歲在己卯一統志稱孫和明陵在烏程縣西北爾時猶未遷若太史慈則不應至此始葬益無可攷矣葉君琢以爲研堅緻而澤屬爲銘銘曰

磚之歲二十六己卯其季於今三之一作爲研共葉氏
書繪
壽字磬研銘
既和且平乃踐爾形
美人研銘
堅貞自持守汝黑如守雌
暖研銘
其德外圓而中堅窮陰凝寒而春盎然是宜侯於卽墨
而湯沐於溫泉也
方研銘
沈靜端厚宜大而久保艾爾後視此石友

井字研銘

爾鑿爾耕大横庚庚汲古則亨

田字研銘

幽巖氣清孕此貞璞良工得之既磨既斲置之座右師其端樸毋曰石田學古有獲

印櫝銘

而闢闔而出納名與器戒之黯

令聞令望出言有章實能容之以莫不臧

印規銘

無偏無頗君子印可

大理石几銘

耆屠崛山仙靈所踝割此片雲入我一室盛暑若失壺天日長嗒焉坐隱灑然而涼

鷹羽扇銘

六翮徒豐以累其躬何雌何雄颯然淸風

鸞羽扇銘

毋曰皓皓而失之傲

眼鏡匳銘

含章有光用行舍藏

砭刀銘

兵者凶器去惡則利

趙禮亭遺像贊

同治建元壬戌之秋予賃廡三林塘禮亭翁之居翁長者練習世事爲人謀忠且至令子聞峰尤和易使予有賓至之懽忘客居之苦者其父子也翁年幾古稀樸而勤矍鑠善談夜恒三四起天未明卽聞謦欬啟戶治家秩然有條理好施方藥療人病躬鍾鍊不少倦意其壽方未艾乃予訪友滬城往反五旬而翁已病沒二十日矣聞峰出此圖請題爲五十許時小像面目須鬢猶未蒼神氣奕奕如欲語者憑几坐左右瓶盎皆蘭有少年侍立石闌間卽聞峰也翁喜蓺蘭亦以名其子云噫以翁之仁而不獲上壽以翁之健而遽奄忽以沒天與蓋翁自言嘗三遇險卒幸無恙則天之祐翁久矣贊曰

猗嗟哲人藹藹其仁浩浩其眞不耀於身不華於紳世靡俗淪人組我純逸樂用愔人甘我辛衰齒聿臻人積我勤行仮言囂人漓我醇有來咨詢告之諄諄有來矢陳謀之肫肫世事之紛物情之棼孰緜不綸孰宰不均家庭恂恂鄉黨云云繄此哲人胡不百春豈知人之於善也如蘭斯珍既培其根既溉既頫曰啟其芬匪躬是親抑將蕃衍其子孫乎

趙氏先世圖像讚

武進趙君惠甫以世家子佐我幕不就官閒示其先世遺像及桐城張君所爲小傳乞題敬各系以讚其一曰

隱君西溪公力田肇緒圖延陵故封土厚俗良靈秀所

集飛鸞之鄉有農而隱菑畬既藏根深實茂報以熾昌其二曰隱君復溪公服疇遺穀圖君子有穀詒爾孫子服田力疇以續以似不耕而穫恥我耒耜豈徒要終亦愼其始其三曰隱君見瀾公莊橋施振圖人飢我飽仁者所羞人沮我往勇者不憂匪曰豪舉見善則由立祠一鄉爲邦人休其四曰儒士元台公藝蘭肯構圖藝蘭如何如藝黍稷深培勤溉不遺餘力庶幾芳香與人同德風流餘韵至今未息其五曰兵部止安公逢門教授圖學優則仕斯士譽髦出爲循吏入主清曹瞻言懷歸栗里之陶授經環堵舒嘯東皋其六曰尚書恭毅公振旅格苗圖恭毅錚錚兼資文武綏靖苗疆惠茲南楚長

帥柏臺堯討農部謇鄂立朝其仲山甫其七曰侍讀裘萼公玉堂校書圖名父之子衆望所歸天祿石渠藜杖生輝從軍西域陟岵永懷忠孝克全是曰大魁

魁星贊

斗口一星建用平旦軒乎舞之日華雲爛下臨三台上承戴匡摛文受祿爲天下光

錢容齋晏坐靜養圖贊

人生而靜諸欲擾之方寸馳鶩多在坐時天君泰然物孰汩我酬酢百端如一室坐何以曰靜何以曰養此與讀書是一非兩

錢葆堂跛仙小像贊

頤其神葆其眞好古而不戾於人和光而不同其塵其
度淵淵其貌恂恂人曰先生何病乎而我以爲善全其
天

張變盦倚石圖贊

艮爲小石可以補天藏器於身介如石焉磨而不磷豈
曰未堅焉有所倚得魚忘筌

韓瘦山遺像贊

猗與先生有睟其容有植其躬高巖秋淨大澤春融其
執事敬其與人忠克儉於私克勤於公其操心也精詳
審愼而不爲苛刻其應世也安舒和易而不苟異同此
一人之私言稽於眾而皆以爲可宗噫先生之沒五年

矣而過南埭者猶彷彿其遺風

韓綠卿像贊

沕乎其若愚淵乎其若虛愬愬乎獨行其志而勿蹶勿趨人皆以爲迂也將蘄至乎古之所謂儒

姚晉琴未濟圖遺像贊

未濟六爻既濟在中内陷外麗窮不可終火水失調當求其通君既研究夫素靈豈不如伯陽之參同嗟已往之莫質徒想像乎儀容卹乎若憂其濡尾愀乎若憾其道窮苟利涉而爲方雨之鼎抑悔亡而爲出泉之蒙曰此其中有天焉又何問乎吉凶

徐雲舫水部遺像贊

才可詞林而屈於部曹仁可大年而未及中壽沒可祭於社而志傳無有嘉慶戊寅修郡志距水部沒已十年而人物志無傳謂天故嗇其遇以豐其後長洲王惕甫教諭墓誌中語孰知夫俗世之榮名皆先生之所否故其言曰飾於外者一則存於中者九蓋以約者失鮮而抱獨以自守嗟斯人之汶汶姑埋照於樽酒是將歸眞反樸而豈徒託楞伽以不朽哉教諭號楞伽山人

徐雪村像贊

知者創物巧者述之述者之巧或過於師卓哉徐君實事求是服膺西學深會其旨辨別性質研精覃思技也進道格物致知古貌古心行年六秩鐵中錚錚呼之欲

出此二文殊化百東坡海印發光是一非佗像用西人照影鏤鋼印之以贈知友

坐右箴

箴者鍼也知其疾之所在而刺之以自警也昏眊索居莫爲藥石反觀內眡譬諸病者之呻唫而已

父母生汝天地畜汝誦詩讀書徒屑屑於言語行年七十以何自許聲聞過情無本實懼色取仁而行違將小人之歸而爲大賢之所拒

錢子和學博哀辭

我友金山錢君子和質通敏風雅好古凡詩文書畫金石篆刻一見輒能言其利鈍眞贋雖習其事者或謝弗

如也遇事機警而沉鷙果斷所欲為雖百沮之不為退不欲為雖至親暱勸之亦不為動然其與人交宛委曲全無傲容厲色家世聚族秦山之陽君以居隘遷張堰鎮於是始設局濟嬰卹嫠賒棺皆為之倡張堰俗素醇近習攜染日積壞君憂之謂拯之宜自童蒙始獨捐貲置義塾延名師以教貧不能執贄者邑志距修且百年力任纂刻網羅文獻舟車輒自隨人服其勤歲八月病利下體素彊弗之卹既小瘥矣俄肝疾大發醫不能治踰兩月竟卒年四十九當病甚時猶以義塾邑志屬其子培廉也君諱熙泰字子和以廩貢生需次訓導一著靖江學烏乎君抱雋傑廉幹之材未適其用又方將修

舉廢墜期大有益於鄉黨而奄忽以沒倫輩傷之南滙
張文虎爲之哀辭曰
余壹不知天之生才兮孰成而孰虧果冥冥然司其振
墜兮抑紛然聽其自爲惟才之難兮家與國均翳夫人
之矯矯兮固以邁乎等倫俾逢時而效駕兮範馳驅於
中路將與騂騮方軌兮豈中駟之所得爭其窘步出不
悄於所任兮居亦屏植乎家巷匪吾儕之阿私兮夫旣
覿其施用盛衰之倚伏兮疇測其當然奮賁獲之彊圉
兮孰能使之回天矧世路之幽險兮左雷淵而右弱水
蝮蛇蓁蓁而伺人兮山魈猙獰而環視殫智力以周旋
兮猝不知舋之所起悲哲人之萎謝兮惜良材之旣艱

苟杞梓之易摧兮毋若樗櫟之自全固脩短之有數兮又曷以免夫涕漣亂曰敦牂之歲兮月維孟冬霜淒淒兮七星其中鬼車鳴兮鵂鶹從君不留兮噫乎遂曉月而長終子割肱兮婦欲殉蹇鬼伯兮悍弗慭魂魄兮何之風爲馭兮雲爲旗俛青山兮采石對虎嗥兮安馳越山巉巉兮湖水涸風鶴驚兮氛以惡嗟昔游兮今焉託君之樓兮峩峩琴松風兮衣薜蘿君之齋兮碧梧竹脩脩兮史與圖讀爻書兮君之孤薦羞脯兮陳芟蘇君歸來兮不可呼

祭蘇文忠公文

惟同治二年十二月巳亥望越四日癸卯後學某等謹

具牲醴果茗致祝於故宋贈太師資政殿學士文忠蘇公之位曰烏乎自公之生八百二十八年矣其沒也滅六十六則七百六十二年也公之生也如章惇舒亶王珪蔡確輩黨同伐異惡直醜正忌公毀公齮齕公且欲殺公彼小人不足計乃文學如介甫首以褊見困公忠信如君實亦以不順己抑公知公如宣仁哲廟卒不能崇用公以至於放逐而公之生窒矣然彼小人者與公同生與公竝死而其名亦與公竝傳至今人謂之何而七百餘年以來思公者尊之曰翁親之曰髯敬之曰先生神之曰仙流連慨慕而不能已若欲公之復生者自古文章學問忠節義行如公者亦有人不過傳於史冊

述於文人之口已耳獨公之名則下至婦人孺子庸夫
販豎無不知之而慨慕之者何公之望於生前而大昌
於身後也過此以往更百千萬年日月不毀公名長存
而某等以蜉蝣之生當流離顛沛之餘干戈戎馬之地
歲暮客居無聊抑鬱而覥然求公於冥漠公其笑之耶
其憫之耶其恝然置之耶抑將鑒其誠而翩然來降也
尙饗

祭蘇文忠公文

維同治四年月日某某等謹以庶品敬薦於有宋太師
文忠公東坡先生之靈曰隆冬冱寒雨雪未晞乾坤枯
槁景物凜凄句芒首駕前戴青旂春風一吹萬象融怡

有如先生窮歷險巇昔詘今信於千萬期人心至公天
道無私狂雲妬月何成與虧昔歲祀公皖江之湄大盜
未平師方合圍歲晷再更遲公於斯公所舊遊能勿來
思俯仰劫塵慨焉嗟咨六朝勝地兵戈幾罹陵夷至今
靡有孑遺鍾阜峩峩大江瀰瀰飛仙往來眞靈不迷佳
茗一串清泉一巵松醪一榼梅花一枝獨酌無親誰爲
配之虞卿范伯功在烝黎子容平稅西山拯饑高名亮
節屹然可齊謝公之墩澗水成溪青山擁壘有鬼長飢
挈之俱來式食庶幾山高水長天空鳥飛佛灋平等公
听曰宜尚饗

告靈文

維道光二十四年正月丁丑
皇清例授承德郎候選府通判金山錢君雪枝卒於京師逆旅越五月壬午其友 某某 等護君之靈歸自京師乃爲文而告之曰天道難知鬼神莫測於維哲人乃罹此極烏乎哀哉君之材質練達英明理無弗燭察無弗精君之待人沖和渾雅開誠布公無所私假君之處事不激不隨適中合節見義必爲君之居家睦婣任卹鄰里鄉鄰有如同室君之嗜古旁搜遠紹微顯闡幽悉心探討君之筮仕爲顯揚故廸前人光匪祿是慕君之赴選 某 等與俱自秋涉冬風霜載途君之至都飲食靡損長路雖勞曾無疲頓君之旅次一室琴書喧闐北里過

之驅車君之御冬怵然興歎契彼窮塗餽之薪炭君之入春般然色喜謂銓有期屈指歸里君之初病謂無妄疾醫藥弗神劇於七日君之將卒神明不衰處分後事纖屑靡遺烏乎哀哉目斷吳雲魂飛燕岫視天瞢瞢俞扁莫救三千長路遠隔所親視君琀者惟予二人悠悠衛河滔滔汶水踰河溯江送君歸止君有兄弟痛切連枝君有妻妾淚盡空帷君有田廬秦山之下君有圖書淒涼鄴架君有遺言爰立喆嗣安分讀書允承君志君靈在堂君歸及門宅君恆幹用此招魂烏乎哀哉

祭錢警石先生文

維同治二年十二月癸酉朔越十三日乙酉謹具清酌

庶羞致祭於
皇清誥授朝議大夫前浙江海甯州學訓導譽石錢公
之靈曰烏乎天不憖遺老成凋謝文苑潛輝儒林失藉
義御埋輪星躔速駕逆旅羈棲鄉關重阻鴛水雲霾龍
山雪沍鶴返何年鵑飛止舍撤瑟一辰修文長夜滔滔
大江悠悠千古烏乎哀哉吳越之錢世惟王孫慶流吳
郡德聚一門粵若文端忠孝克敦以燕以詒作吏惟循
公實少孤喪如成人十八遊庠屢冠其軍一舉雖絀猶
然壯年公曰噫嘻既失我親科第何爲抱恨終天肆力
於學及詩古文篤行在躬庶乎承先孝友爲政學也兼
祿念昔西安示我高蹈遵彼海濱鄒魯豈獨春風一噓

菁莪棫樸黌舍聿新圖書滿屋毛詩三禮鉛黃反覆史還班范烏焉詰鷸拾遺補闕舛誤必燭旁采二何細書累牘丁度集韵洪适隸續志乘襍編數難更僕胸羅四庫手定七錄官冷身閒其曰可讀（公齋名可讀書）公官海昌實在壯時閱歲卅七先後於斯大府曰吁此用世才爲國薦賢於子宜之公稽首辭病且不材海壖一隅惟州之司七十餘年文獻不菑記載缺然公力主持扁舟鄉曲采訪往來橋梁水道闡見異詞人文風土節孝窮嫠有隱必彰靡簡不該五十二卷卓然史裁公之爲人恬淡淵雅喜怒不毗以迪純嘏軾轍皆賢無忝名父伯登賢書仲佐文部公曰吾衰何戀簪組翩然乞休歸我林下

學徒攀留公豈棄予主講安瀾懽喜鼓舞長公之喪公
心始苦託物怡情達觀自寫次君游擢入值
樞府公曰愼旃勿自滿假階登六命覃恩兩覲而公漠
然自適其所頤養天和牽我常度浙西之亂爰始庚申
會垣既陷禾郡實鄰挈家避難依於墓田航海東遷越
辛酉春自甬渡滬菀菀寇氛溯江而西公則傷神遠別
先塋勞勞夢魂公病在心幾殆及身爲魯靈光巋然告
存皖公之區節鉞是巡賢才所趨公亦遄臻萊衣侍養
定省晨昏敦詩說禮談藝津津玉眞禊帖先公所珍解
遘來歸公色甚欣出示同好題詠紛紛公於此時百鬱
一伸謂公康彊眉壽無已耄猶好學重擘范史小極不

虞執卷强起何圖入冬醫藥莫理病既不支猶憶鄉里知克蘇州將還檇李悲哉此言河清難俟夢匙碧雞歲非辰巳哲人其萎國無君子烏乎哀哉邦之公卿及士大夫識與不識莫不絫欷何況吾徒或同里閭地連吳越誼託崔盧拜德公牀詣子雲居交契忘年教窺緒餘言笑猶昨形容宵如烏乎哀哉壽逾古稀公年已遐箸述煌煌公學不虛仲參戎幄公志克攄諸孫繩繩能讀楹書全授全歸公何憾與東望鄉國豺狼未祛釣遊之里蕩爲邱墟千里作客三載爰鵑歸葬何時甯不躊躇烏乎哀哉壺酒簋飧几筵不華思公平生其來徐徐尚饗

祭曾文正公文

烏乎公之生也天固將以大任責公當其立朝而侃侃人已欽其不苟異而苟同及粵事之起毅然舉義雖疑謗交集而公自矢其孤忠創水師以剿賊沿大江而遂東歷百戰以至皖屢瀕危險而賊亦潛避其鋒惟其推心以置腹故自僚屬將卒莫不踴躍而樂從於是知師千之總非公莫屬此所以蕩平吳越而卒收其全功烏乎公雖有兼人之稟（胡文忠語）固已疲於戎行之十載況文盤根錯節無一日之息而往來奔命於南北之衝以江南之艱鉅當大創之後維持補救豈敢安坐鎮（旨命公坐鎮兩江）而自託於衰慵此其未臻於上壽也蓋鞠

躬盡瘁而不由於六氣之沴二豎之攻烏乎公之器識度量遠超乎世見之外故其和氣謙德實能自忘其功業之盛與爵位之崇其於文章學問洞悉本末每自視欿然與人為善而亦不眩於門戶之詡其接物也嚮義漸仁而使之自化其垂訓乎後嗣也惟義利之辨忮求之戒而孝悌之是宗此不特古來將帥所未有卽名臣大儒亦尟及其從容固宜邀非常之曠典而蒙

特諡於

九重烏乎黃流洶洶西寇猶兇陸有蛇龍莽有伏戎假

公數年庶諸患息而元氣漸充乃一朝而長逝使天下感喟於無窮烏乎公何往乎彼野哭而仰瞻者徒見光

燄之燭空其騎箕尾而上升乎將臨照乎斗牛之分而全吳士庶永託於㠶幪哀哉尚饗

祭錢子馨文

維光緒二年歲在柔兆困敦十有一月戊午朔通家世侍生張文虎謹具清酌庶羞致祭於

皇清誥授奉政大夫浙江試用同知錢生子馨之靈曰昔歲甲辰判府溘逝越卅三年哭君兩世天乎人乎兆我卜筮君初病予以京房易筮之大凶竟如期烏乎哀哉孰爲之制維教諭公秉鐸鳩茲君生釁詈克岐克嶷長爲白眉衆望屬之跅跎無方惑於娛嬉寇患之偪家室旣毀兩入京都瀕險幾死家難聿臻跋胡疐尾幡然改轍實憤實悱我

來郡垣止君復圜顧名思義相喻不言纘緒三載迪光
於前力有所詘次第及焉維昔先世見義必爲捐貲購
族醫藥布施微顯闡幽校訂忘疲君曰予任維其令儀
无妄之疾中瘳忽變匪醫之辜天奪其算煢煢兩孤長
者甫廿舊志未申百事既涣去秋予病君日省視親進
薓朮禮如子弟何圖期年予存君鬼撫今追昔奚能不
涕昔哭判府羈旅京師哀從中來旁觀涕洟今復哭君
念此益悲悲君世澤匪特我私烏乎哀哉尚饗

舒藝室賸稿

辛巳六月纨焬石署簽

蘇州

南滙張文虎孟彪

橘賦

琁璣之精毓茲嘉植孤根匙依脩幹自直綠葉散藻素華去飾抱質守時桃李減色迮角森起不可狎暱萎蕤琴堂之際蓊茸廣庭之隅日晅月薄風蓄露濡疏萼沓瓊窋縈吐珠始夏及秋經霜轉腴纍丸結翠重球耀朱超柚越橙與眾果殊嚴寒不零其節堅也金顆焜煌其文明也馨香甘美其質貴也几筵是珍其品純也儲供藥囊其用章也三閭之頌未盡其德安仁所賦陳義尤仄銜華佩實君子所式含章可貞以貢王國

卷石小隱圖賦（圖繪手拈蘭花獨坐石上像）

卷石主人埋憂積思嗒焉有悟乃以卷石小隱圖屬客曰客知我者也爲我賦之客曰唯唯

爾其雲根岸粤山骨連蜷神斤鬄削鬼斧雕鐫秋霖蒸而蘚積春雨滴而苔穿旣非醒酒之石箸異於平泉又非北山之巖托蹟於飛仙誰其偃仰以自息而坐臥乎一卷乃有人兮適然踞此非夷非惠不衫不履異惠施之據梧似南郭之隱几翛若無待竦若有俟眇予情其信芳指瀟湘兮沅澧世有履絕壑蹈長林捫岝崿攬崎嶔悵行路而作歌感猗蘭而拊琴曷若此之容栖止訂晳岑目不見豺虎之突噬耳不聞猨狖之哀吟又何不

可以舒嘯傲寄遐心也哉若夫物有靈蠢地有異宜頑者磊塊險者厜㕒豫則占介石困則悲蒺藜與夫薰蕕氣別蕭艾性移或入室而俱化或當門而見夷此皆主人之所捁歎而非客之所能知也

仲呂還生黃鍾說

三分損益之術始見管子地圓篇專主琴弦以得五聲度分未言及律呂也自淮南子史記漢書推之以通於律呂於是有隔八相生上生下生之說然管子五聲終於角之六十四自角以下不能用三分於是以黃鍾通分至十七萬七千一百四十七以生十一律而後人又謂仲呂宜還生黃鍾二千年以來紛紛聚訟屢變其術

而迄不可得明鄭世子朱載堉謂三分損益猶秝家四分度之一四分日之一與夫方五斜七周三徑一皆舉大略非精義乃別立新法借方圓相函術用句股開方求得蕤賓南呂應鍾倍律與黃鍾比例得倍正半諸律以爲無仲呂不能復生黃鍾之患近時錢唐戴君煦本之又專主黃鍾一律用遞乘遞除求連比例得諸律分與開方所得數脗合著有古分音義一書此書未刊向於李君善蘭處見之後在金陵書攤購得錢唐項君名達象數一原其弟六卷中亦有此術蓋即戴所補也項書亦無刊本其術以黃鍾九寸爲一率林鍾六寸〇〇六豪七絲八忽爲二率仲呂六寸七分四釐二豪三絲八忽爲三率求得半黃鍾四寸〇九釐九豪九絲八忽倍之得八寸

一分九釐九豪九絲六忽與古律分數既乖而所得黃鍾仍不能塙合且夫黃鍾九寸者本十分之寸也以九分通之爲八十一分便於三分損益耳豈眞八寸一分之謂（辨見秦氏五禮通考）至於弦音以粗細分而長短則一因琴第三弦其音合於黃鍾之宮故亦命爲八十一分以起五聲之度非言其長短也今以管子音分合於黃鍾一均五律之分黃鍾八十一林鍾五十四太蔟七十二南呂四十八姑洗六十四黃鍾太蔟姑洗三陽律其降殺皆得九分之八林鍾南呂二陰呂其降殺亦同然則凡兩律呂相間者其降殺同也林鍾得仲呂九分之八則以林鍾反求仲呂爲六十分○七五蓋八分之九也仲

呂爲林鍾八分之九則夾鍾得仲呂八分之九爲六十八分三四三七五大呂得夾鍾八分之九爲七十六分八八六七一八七五由是以求半黃鍾夫半黃鍾之於仲呂（中隔六位）猶林鍾之於黃鍾也其於林鍾（中隔四位）猶仲呂之於黃鍾也今以林鍾約黃鍾爲三分之二以仲呂約黃鍾得四分之三而林鍾四分之三仲呂三分之二皆得四十分○五適合半黃鍾之分若倍仲呂取其三分之二卽正黃鍾矣夫黃鍾能生諸律不必藉仲呂還生而數必還原無往而不返之理今得之乃簡易如此向以爲不可求者求之未審耳且以四分之三例之蕤賓之於大呂當得五十七分六六五○三九○六二五夷

則之於夾鍾當得五十一分二五七八一二五無射之於仲呂當得四十五分五六二五應鍾之於蕤賓當得四十三分二四八七七九二九六八七五上皆中隔四位尾數皆度盡無餘取夷則四分之三爲半大呂南呂四分之三爲半太蔟取無射四分之三爲半夾鍾數皆脗合惟應鍾四分之三爲三十二分有奇零與半姑洗不合然而不必求也古樂縣鍾磬一簴十六枚爲十二律暨黃鍾大呂太蔟夾鍾之清見江都江氏筠樂縣考宋人以律配字自合字至緊五凡十二律暨黃大太夾之四清聲亦止於十六無半姑洗也若夫律呂之管前長後短弦音命分亦前多後少以前求後例用損以後求前例用益

陰陽上下緣飾其名勿泥其跡可也史記上生者四其實三其法下生者倍其實三其法卽今屢乘屢除術也今具諸數如左

黃鍾八十一分

大呂七十六分八八六七一八七五

太蔟七十二分

夾鍾六十八分三四三七五

姑洗六十四分

仲呂六十分〇七五

蕤賓五十七分六六五〇三九〇六二五

林鍾五十四分

夷則五十一分二五七八一二五

南呂四十八分

無射四十五分五六二五

應鍾四十三分二四八七七九二九六八七五

半黃鍾四十分〇五

半大呂三十八分四四三三五九三七五

半太簇三十六分

半夾鍾三十四分一七一八七五

半黃鍾得黃鍾二分之一無射九分之八上隔一位南呂

三十二分之二十七上隔二位夷則八十一分之六十四

上隔三位林鍾四分之三上隔四位仲呂三分之二上隔六位夾鍾

二十七分之十六上隔八位餘放此

若從蕤賓起順行迭取九分之八則得夷則無射半黃鍾半太簇半姑洗爲陽律一終從應鍾起順行迭取九分之八則得半大呂半夾鍾半仲呂半林鍾半南呂爲陰呂一終以知其數非倖合也

琴弦協律說 附譜

弦音倍半相應竹音倍半不相應弦音徵羽變宮陰陽互易竹音陽律陰呂各自爲調琴七弦首弦爲倍徵三弦爲宮自古皆夢夢我

聖祖仁皇帝欽定律呂正義始發其覆通州王氏坦著琴旨以證明之此古今言樂家一大案也然王氏謂琴弦衹論五聲不必更牽律呂夫孟子言師曠之聰不以

六律不能正五音五音無定而律呂有定音與數相倚聲與律相隨五聲十二律旋相爲宮職此之由乃矯枉過正若弦音與律邈不相涉者斯亦過矣今依王氏以角音遞轉爲宮準以十二律其音分無不相應

黄鍾宮 即正宮調

一弦	倍林鍾百〇八分	濁徵
二弦	倍南呂九十六分	濁羽
三弦	黄鍾八十一分	宮
四弦	太蔟七十二分	商
五弦	姑洗六十四分	角
六弦	林鍾五十四分	徵

七弦　南呂四十八分　羽

仲呂宮　即徵調俗謂蕤賓調

一弦　倍林鍾　濁商

二弦　倍南呂　濁角

三弦　黄鍾　濁徵

四弦　太簇　濁羽

五弦緊　仲呂六十分〇七五　宮

六弦　林鍾　商

七弦　南呂　角

無射宮　即商調俗謂姑洗調

一弦　倍林鍾　濁羽

二弦緊倍無射九十一分一二五　宮
三弦　黃鍾　商
四弦　太簇　角
五弦　仲呂　徵
六弦　林鍾　羽
七弦緊無射四十五分五六二五　少宮

夾鍾宮　即羽調俗謂慢宮調

一弦　倍林鍾　濁角
二弦　倍無射　濁徵
三弦　黃鍾　濁羽
四弦緊夾鍾六十八分三四三七五　宮

五弦 仲呂 商

六弦 林鍾 角

七弦 無射 徵

夷則宮 即角調俗謂慢角調

一弦 緊 倍夷則百○二分五一五五六二五○五 宮

二弦 倍無射 商

三弦 黃鍾 角

四弦 夾鍾 徵

五弦 仲呂 羽

六弦 緊 夷則五十一分二五七八一二五 少宮

七弦 無射 少商

大呂宮

一弦　倍夷則　濁徵

二弦　倍無射　濁羽

三弦緊　大呂七十六分八八六七一八七五　宮

四弦　夾鍾　商

五弦　仲呂　角

六弦　夷則　徵

七弦　無射　羽

蕤賓宮

一弦　倍夷則　濁商

二弦　倍無射　濁角

三弦　大呂　濁徵

四弦　夾鍾　濁羽

五弦緊　蕤賓五十七分六六五〇三九〇六二五　宮

六弦　夷則　商

七弦　無射　角

應鍾宮

一弦　倍夷則　濁羽

二弦緊　倍應鍾八十六分四九七五五八五九三七五

宮

三弦　大呂　商

四弦　夾鍾　角

五弦　蕤賓　徵
六弦　夷則　羽
七弦緊應鍾四十三分二四八七九二六八七五　少
宮
姑洗宮
一弦　倍夷則　濁角
二弦　倍應鍾　濁徵
三弦　大呂　濁羽
四弦緊姑洗六十四分　宮
五弦　蕤賓　商
六弦　夷則　角

七弦　應鍾　徵

南呂宮

一弦緊倍南呂九十六分　宮

二弦　倍應鍾　商

三弦　大呂　角

四弦　姑洗　徵

五弦　蕤賓　羽

六弦緊南呂四十八分　少宮

七弦　應鍾　少商

太蔟宮

一弦　倍南呂　濁徵

二弦　倍應鍾　濁羽

三弦緊　太蔟七十二分　宮

四弦　姑洗　商

五弦　蕤賓　角

六弦　南呂　徵

七弦　應鍾　羽

林鍾宮

一弦　倍南呂　濁商

二弦　倍應鍾　濁角

三弦　太蔟　濁徵

四弦　姑洗　濁羽

五弦緊林鍾五十四分　宮
六弦　南呂　商
七弦　應鍾　角
三寸九分爲含少說
十二律呂各自爲管陽律陰呂各自爲均見於周官國語而不能通於弦音何也管音分於長短而圍徑無殊弦音分於巨細而長短則一故律管以寸分計而弦音則用通分以命度以黃鍾之寸命爲九分九之爲八十一分三分損益以生諸律然以三爲法而兩音相比格於九分之八乘除有不盡之數則或收或棄遂與律管乍合乍離疑律管級數實平差耳史記律書上九商八

角七徵六羽五原本錯亂有衍字此依嘉興王氏元啟史記正譌據此則五音相去皆無奇零不盡之數晉書樂志載列和言笛孔率短一寸七孔聲均與史合歙淩氏廷堪燕樂考原亦主此論今驗之簫笛之類皆然竊據呂氏春秋言伶倫取竹於嶰谿之谷以生孔厚竅均者斷兩節閒其長三寸九分而吹之以爲黃鍾之宮吹曰含少漢書律秝志嘗引之而失其要領無怪後世言樂家之習焉不察也閒嘗以此三寸九分減黃鍾九寸餘五寸一分用十二律除之得四分二釐五豪爲每律之平差乃置黃鍾九寸以四分二釐五豪迭減之得數如左

黃鍾九寸　大呂八寸五分七釐五豪

太簇八寸一分五釐　夾鍾七寸七分二釐五豪

姑洗七寸三分　仲呂六寸八分七釐五豪

蕤賓六寸四分五釐　林鍾六寸〇二釐五豪

夷則五寸六分　南呂五寸一分七釐五豪

無射四寸七分五釐　應鍾四寸三分二釐五豪

乃以應鍾再減四分二釐五豪仍得三寸九分爲黃鍾之清聲依前論黃鍾之於仲呂猶林鍾之於少黃鍾黃鍾之於林鍾猶仲呂之於少黃鍾今以黃鍾爲一率仲呂爲二率林鍾爲三率二三率相加一率減之得四率三寸九分（二率三率互易亦同）此即仲呂之還黃鍾矣依此法亦甚徑捷案呂不韋人不足道而其書皆門下之客集腋

而成未可以入廢言姑記其說以質通人

學樂雜說

周禮春官太師掌六律六同以合陰陽之聲陽聲黃鍾太蔟姑洗蕤賓夷則無射陰聲大呂應鍾南呂函鍾小呂夾鍾陽聲左旋陰聲右轉取其合辰即大司樂所謂奏黃鍾歌大呂奏太蔟歌應鍾奏姑洗歌南呂奏蕤賓歌函鍾奏夷則歌小呂奏無射歌夾鍾也此律管也若用之樂器則不能以一器兼衆管或參用一陽一陰相和折半之度（見律呂正義）然亦有陰陽分用者今笛有黃鍾笛大呂笛俗謂雌雄笛亦曰姑洗笛仲呂笛蓋笛用角律（見晉書樂志）姑洗爲黃鍾之角仲呂爲大呂之角也（古之笛即

（今之簫今之笛古之橫吹其用略同）獨用則自爲一均合用則相和以應宋人以管色配十二律黃鍾配合字大呂（下四）太簇（四）同用四字夾鍾（下一）姑洗（一）同用一字仲呂用上字蕤賓用勾字林鍾用尺字夷則（下工）南呂（工）同用工字無射（下凡）應鍾（凡）同用凡字用字同者後律一均皆爲前一均之中管黃鍾無同用字而有高宮一均則亦中管矣勾字介於上尺之閒而仍從前律故蕤賓爲仲呂之中管又以六字爲黃鍾清下五爲大呂清五字爲大簇清緊五爲夾鍾清謂之四清聲自合字以至緊五共十六聲今笛用上尺工凡六五乙配宮商角變徵徵羽變宮七音而各加倍半（竹音倍半不相應當云清濁）自低上字至高乙共二十一

聲然低上低尺高五高乙不恆用則自低工至高六亦祇十七聲耳

夢溪筆談云正宮大石調般涉調皆用九聲高凡高五高工尺勾高一高四六原誤句今正合大石角原脫角字今補同此加下五此黃鍾一均也下五則宮前一聲高宮高大石調原脫此四字今補高般涉皆用九聲下五下凡工尺上下一下四六合高大石角同此加高四此大呂一均也高四則宮前一聲中呂宮原脫宮字今補雙調中呂調皆用九聲緊五下凡高工尺上下一四原誤下四今正六合雙角同此加高一此夾鍾一均也高一則宮前一聲道宮小石調正平調皆用九聲高五高凡高工尺上高一高四原誤下四今正六合小石角同此加勾此仲呂一均也勾則宮前一聲南呂宮歇

指調南呂調皆用七聲下五高凡高工尺高一高四勾歇指角同此加下工此林鍾一均也下工則宮前一聲仙呂宮林鍾商仙呂調皆用九聲緊五下凡下工尺上下一高四六合林鍾角同此加高工此夷則一均也高工則宮前一聲黃鍾宮越調黃鍾羽皆用九聲高五下凡高工尺上高一高四六合越角同此加高凡此無射一均也高凡則宮前一聲此說黃大夾仲夷無六均皆用九聲獨林鍾一均祇用七聲未知何義至七角調皆加宮前一聲則萬寶常所譏流蕩忘返者也見宋史樂志

唐會要天寶十三載七月十日太樂署供奉曲名及改諸樂名太蔟宮時號沙陀調　太蔟商時號大食調

大蔟羽時號般涉調　太蔟角　林鍾宮時號道調
林鍾商時號小食調　林鍾羽時號平調　林鍾角調
黃鍾宮　黃鍾商時號越調　黃鍾羽時號黃鍾調
中呂商時號雙調　南呂商時號水調此所列宮調
前後淆亂且復不全其大意則亦以宮商羽角爲次也
案宋樂志范鎮言自唐已來至國朝三大祀樂譜竝依
周禮然其說有黃鍾爲角黃鍾之角黃鍾爲角者夷則
爲宮黃鍾之角者姑洗爲角十二律之於五聲皆如此
卒而世俗之說乃去之字謂太蔟曰黃鍾商姑洗曰黃
鍾角林鍾曰黃鍾徵南呂曰黃鍾羽蓋樂入荀勗簡易
唐時已然今據唐會要所記惟太蔟商（太蔟爲商）之爲大食

調（黃鍾之商）林鍾商（林鍾爲商）之爲小食調（中呂之商）黃鍾商（黃鍾爲商）之爲越調（無射之商）中呂商（中呂爲商）之爲雙調（夾鍾之商）南呂商（南呂爲商）之爲水調（林鍾之商卽揭指調見柳耆卿樂章集）與宋人所偁合若太蔟羽（太蔟爲羽）則宋人謂之正平調（中呂之羽）林鍾宮則宋人謂之南呂宮（林鍾爲宮）道調宮則宋之中呂宮（中呂爲宮）林鍾羽（林鍾爲羽）則宋之黃鍾羽（無射之羽宋人呼無射爲黃鍾）亦曰羽調黃鍾羽（黃鍾爲羽）則宋之中呂調（中呂之羽）至般涉調則宋之南呂羽（南呂爲羽）實黃鍾之羽不知何以謂爲太蔟羽也俗工傳習相承不追溯所從來而儒者載筆亦有所不及辨致參錯如此

宮調之分何也宮立宮羽主調大不踰宮細不踰羽舉

其聲之大者而言則曰某宮舉其聲之細者而言聲細者高則曰某調其實一也曰黃鍾宮則知其羽必南呂曰黃鍾羽則知其宮必夾鍾古謂之移宮換羽今謂之旋宮轉調俗云翻調是也竹音翻調以正宮調爲主視其四字所加爲某字調絲音翻調亦以正宮調爲主視其四字上所加爲某字調四爲羽音故云調皆即旋相爲宮之理而絲竹不同者其生聲取分異也

欽定律呂正義續編載西夷七音曰烏勒鳴乏朔拉犀烏與勒勒與鳴乏與朔朔與拉拉與犀相去皆全分鳴與乏犀與烏相去皆半分亦迭相旋轉凡當鳴字犀字位者皆爲半分與合四乙上尺工凡之次合蓋亦主絲

樂而以倍徵爲首音也
樂府雜錄以去聲爲宮入聲爲商上聲爲角平聲爲羽
又云上平聲調爲徵聲晉亂不可解近世塡詞家奉爲
祕籥又從爲之辭案困學紀聞載徐景安樂書以上平
聲爲宮下平聲爲商上聲爲徵去聲爲羽入聲爲角似
矣然上下平分配宮商殊無意義宋八詞集惟柳耆卿
張子野姜白石多注宮調尋其叶韻皆不如所云又宋
人按譜法以輕清配上去重濁配平入驗之白石詞旁
譜亦不盡然蓋字有出送收三音旣長言之則首尾中
閒轉合處自有曲折不特論陰陽四聲而已徒以一字
配一音豈非所謂叫曲念曲乎朱子亦嘗論之叫曲念曲亦見筆談及詞源

今琴家調弦以平當達理定準五聲則是以陽平爲宮

陰平爲商入聲爲角上聲爲徵去聲爲羽與方密之通雅以啌嗺上去入爲五音同勝於徐景安之以上下平分宮商矣然五音之分不盡在此

送金苕人大令移任吳江序

同治癸酉夏吾邑大令金侯介錢京卿子密寓書以修志事屬任總纂虎固辭不敏是年冬歸自金陵聞閭巷間籍籍偁金侯之賢以爲廉而明慈而威其自鄉閭來者亦然蓋莫不神明之父母之也既而侯以按事至里款門顧訪申前言甚切且責以桑梓之誼虎不得已請效采訪分纂不獲命它日數以書往復又屬諸君致詞曰志議僉同成否唯子一言乃不敢不承命今年春三月置局於署左積穀倉與者若干人於是常往來其間

接侯議論及觀侯所以爲政其於民之疾苦士之賢否市肆之利弊風俗之盛衰水利之通塞道路之遠近汲汲訪求唯恐其弗悉也見義無不爲見不便於民者改之唯恐弗速也其以事來白者無早晚得徑達自胥役以至司閽無得而隔閡焉中世州邑膏腴之缺不及期輒代去攝事者或止數月故往往以官爲傳舍求免過而已侯之來攝也而孜孜日夜不遑息如此蓋其用心摯而任事勇刻不忘其爲親民之官故不肯以久暫異視而恤其勞瘁乃今而後知民之所以偁侯者有由來也歲八月大雨累旬棉繭多壞禾稼生耳易豐而凶農民戚戚無以爲租賦已而相慰曰侯當活我無何侯移

吳江則相與錯愕無所措邦之士紳亦不虞侯去之速皆惆然不慊侯曰吾固五日京兆耳新侯慈惠宰奉賢日數以公至於此地久且孰其不廢舊令尹之政而益修之明矣若其風雅博學於志乘尤優吾無慮獨吳江澤國地遼闊民頑多盜諸君何以益我羣對曰夫地有不同然而其本然之心一也侯之治吾邑已效矣請即以其治治吳江而行之勿替夫何民之不可感何俗之不可遷吾知不待期年而松陵甫里之間頌神明父母者如吾邑矣乃相與餞侯於局之比玉堂能詩者各有所獻虎黍侯深契不敢以不文辭謹序以贈行

吳江令沈君六十壽序

自古治民之官莫急於牧令牧令賢則上下蒙其福不賢且受其敝是故一方之牧令賢則一方治苟天下牧令皆賢卽天下無不治矣夫廉吏尙矣然偏於慈仁則豪強玩法而胥隸得因緣爲姦持以操切則良懦困而悍者走險自寇亂以來幾二十年所在盜賊蠭起固桀猾莠民相率煽動毋亦治之者失其中乎吳江賦重而俗敝地濱太湖姦宄易匿號稱難治咸豐末陷於賊同治初元雖旣收復而民戶逃散屋燬十不存二三無可倚以爲治者上游議幹吏任其邑事皆顧望莫敢應獨海昌沈君慨然願行至則繕完修葺安撫招集事必身親耳目口舌手足無須臾暇又以其閒督諸槍船助

官軍擊賊屢有殺獲有賊而冒爲弁者秩二品矣君廉知其狀以計執而誅之主者大怒將殺君賴撫軍令宮保合肥公救之免當是時吳江四面皆賊入人爲君危君坦然處之卒幸保全城邑居民亦稍稍引歸家室復聚蕃君之智勇足以任之也同治三年賊既蕩平

天子念東南困苦　特詔減賦君宣布　恩德實力奉行又詳覈科則減數定額勒石示民其僻遠不能徧知則刊板廣行俾永絕胥蠹經造之弊又於四鄉分設公所迭臨之令民自納賦亦卽以聽訟胥役無所藉手案無留牘君之始至也所設施邑士猶不能無疑君至是民遂大和治蒸蒸日上詩曰不侮矜寡不畏彊禦又曰

不剛不柔敷政優優沈君有焉初君以吏員筮仕於吳布衣糲食時斷炊未嘗取民一錢知君者謂江南清官第一嘗行夜霜重寒戰不止或以告太守太守衣之君始裘葢君之廉人無不知者然其不可及者詎獨以廉乎方今大河以北鉅盜未殄豕奔狼突然豈盡願爲賊者殺之不可得而盡殺也試得如漢龔遂任延之徒數十人散布州縣撫而治之以助兵力所未及撚釁殆不足平若君者非其選與君長君某篤厚侍任佐君治家次君能虎俊爽有才見從合肥李公軍次方推君所行佐李公立大功而君亦將推此以治劇郡晉監司正方面爲　中興名臣一州邑之任豈足以概君哉三月之

青爲君六十生朝某等遠不獲奉巵酒爲壽謹述君爲治大略質引觴者其或不以爲祝嘏之諛辭也哉

何母吳太孺人五十壽序

歲在上章閹茂之夏青浦何君補之以其母氏吳孺人事略求爲壽序意勤且厚予弗能卻顧久之無以應匪敢緩也孺人行誼甚高教三子皆成立補之方以古文辭及姚先生春木之門所交皆吳越名士以予褊陋何足以益君故不敢漫然獻言雖然不可無以塞責也孺人本蘇產年及笄歸何丈書田姑老大婦多病家素好客倉指累百計集內外事不擇勞怨連治喪葬子女昏嫁竭力處之以暇猶從事女紅未嘗言況瘁至今如一

曰非所謂賢而能者與昔班大家爲婦四十年夙夜劬心勤不告勞何以過此且婦人之德匪勤儉之爲難而能明大義持大體之爲難富貴利祿世人之所同嗜也讀書守道澹泊明志則非賢達者不能知且不能言自書田丈沒家用稍絀有進析產及業賈計者孺人呼三子曰兄弟和好族之休徵奚析產爲且吾以一身任家事汝兄弟安分勤學毋廢前業吾含飴弄孫日聽汝輩讀書卽貧何憾若傾身障籬與傭販爲伍此吾所不願見也由孺人之言使生爲丈夫固知有異於世之逐逐於榮利者矣其必能讀書守道澹泊明志可決也抑非明大義持大體者孰能言之去夏補之奉孺人避水災

僦居郡城座客常滿是歲大歉物用騰貴日事典質而中閫怡然未聞詬誶葢孺人之賢而能化於其家如此豈區區勤儉自喜者所可幾哉今孺人年五十矣補之兄弟謀所以爲壽者孺人嚴拒之乃乞言於同人予昔嘗及侍何丈又謬爲知補之者敢引其端

王母傅太宜人八十壽序

惟同治十一年歲在元黓涒灘□□之月梅叔大令將治觴爲母太宜人壽而徵文於素所習君者竊聞太宜人年登八十康强如中歲三子九孫三曾孫子婦孫婦女孫曾女孫幾二十人承顏繞膝歡笑無閒熙然有皇古懷葛之風人不勝其忻羡則以爲天之獨優於王氏

及讀大令所撰太宜人事略乃知其盤根錯節殖基厚而流澤久得此於天非偶也在記中庸之篇曰故天之生物必因其材而篤焉故栽者培之善哉言乎今夫人之福澤由精神生精神之運心術之動也是故志立則氣固氣固則神凝神凝則和而不散處順境而溺者其志昏處逆境而怫者其志鬱昏則弛靡而不可持久鬱則矯激而入於乖戾惟善持其志者榮利逸樂不足以動之坎坷艱困不足以折之其處已恭勤刻厲而不以榮瘁殊其與人慈祥仁愛而不以順逆異何哉其志立也竊謂太宜人有不可及者五焉其初以來婦事病姑壹志竭力勞苦有婢嫗所不堪者如是四年未嘗有惰

容不可及一也及其獨操家政則勤儉率下條理秩然有餘以施匱乏而已無私入不可及二也析產無所分怡然不較不可及三也葺舍馬廄側別居子立備極艱苦無怨言惟勉子讀書而已勤鍼黹積資以給用不可及四也贈君遠歸具陳所復產籍而無德色不可及五也凡此皆烈丈夫所僅見者而得之巾幗不亦難乎古者良臣居筦算之任而不私其利履艱難之會而不回於屢困轉危爲安以亂爲治而不居其功大小雖殊其用心一也蓋太宜人出名門嫻禮法而志節堅定不爲境遷故雖歷艱困而不改其和厚之度此吾所謂志立則氣固氣固則神凝者也宜其晚享兒孫之樂而貞幹

之體至老不衰哉大令以軍功敘勞階郡丞其之官沛也太宜人勉之以先德沛地瘠民貧俗褊而急疾大令廉約自守而優游馴擾之民皆愛戀不忍舍其有得於太宜人之教乎大令與次公皆從仕江南其季以遊學至板輿奉侍一門雍睦回憶曩者拮据捋荼時不當適然於天之默佑以有此乎抑知天之所培實人之所自栽也大令兄弟它日陟州郡登臺憲祝太宜人期頤之壽其無忘所自哉

何氏經說序

自乾嘉以來儒者修明漢唐經訓纂述古義力反明人空疏腐爛之習綴學之士翕然向風各鳴其所得可謂

盛矣而執持之過或不免於穿鑿附會矯其弊者則又挾宋儒緒論以與之敵其醜詆漢學幾於洪水猛獸所謂楚固失之齊亦未爲得也若何先生庶執其中矣先生生當雍乾之際學問文章爲奉邑冠吾友何補之嘗爲吾言先生所著書猶在顧未得一見去秋鄒文學升才以經說二卷示予上卷皆成篇之文下卷則單辭雜義其於經義皆融會全文沈潛反覆以求一是無門戶之見凡漢說之窒礙者固不肎輕信而宋說或不盡然雖程朱未嘗回護焉異於齊楚之相笑矣其所取資於易則

欽定折衷於詩書春秋三傳則彙纂於三禮則義疏前

人所疑以已見析之每渙然冰釋或亦爲之補苴語氣和平得解經之體足爲後學式也先生名僅見郡志古今人傳會重修奉賢志亟補入儒林傳及藝文志今其嗣人將以是書授剞劂因述其大旨如此

壬寅聞見紀略序

予讀華亭野史壬寅聞見紀略輒感慨太息也方吳淞失事時予適以事至郡城蚤起聞陳軍門陣亾上海陷敵且至郡人驚怖遷徙市肆皆罷婦女倉黃出避輿船價驟騰急不可得有哭泣徒步者予亦倀倀回秦山自是火輪船入浦江歷東西汊擊毀礮臺郡中戒嚴備漢姦甚密秦山距郡五十里音耗不得達六月初予再至

郡八戶猶寥寥或盡室去或留一二男子視門戶惟壽州甘肅兵縱橫街市執長刀睥睨向人橫索漫罵狀頗猙獰嗟乎東南久不見兵革矣江蘇聲明文物敵窺伺已久向之恫疑虛愒而不敢進者徒以吳淞守備者嚴而內地虛實與夫內洋沙汕有所未悉故時時測量游奕偵探動靜迨歷三年虛實備審鎮海一陷藩籬盡失長溪嶺之戰狎視中原將士久矣遂由乍浦蠶食滬瀆蹂躪京口直逼江甯猖獗及此勢所必至烏乎我江省所恃以爲長城而無恐者祇一陳軍門而軍門則死矣劉進士國標者太湖人初以漕務黜籍從裕制軍防堵上海制軍赴浙以屬陳軍門當敵飛礮中將臺紛紛登

岸兵卒潰走敵槍如雨至惟見軍門帽左右攲側且避且爇礮回擊無何火藥盡身中三槍乃踣劉急負之奔鉛子洞足趾自左傷右力盡匿葦蕩中日暮追者稍止撫軍門身喉間嗚嗚然手指天者三呼曰好男子遂絕是時劉足創痛甚中夜飢欲死力以泥塗軍門屍掩之明日匍匐至嘉定告其從者乃返屍成殮此予壬寅秋親訪劉君而得之者啟視兩足創痕猶未平烏乎軍門忠勇無待言如劉君者豈非大丈夫哉使海疆將帥皆如陳軍門偏裨以下皆如劉君而又得總統如林制軍者爲之居中規畫講求船礮練習戰士夫何至此敵之入吳淞也列木偶船旁期試我礮力其逼江甯也以千

入昇鉅礮置鍾山顛下瞰城官民大怖及撫議成徑棄之去察之乃範土成者其愚弄我中國類如此且所謂鴉片者腐草穢土於人無益有損顧嗜者之死靡悔禁之不止至釀成兵禍亦既創鉅痛深矣今上海北郭外洋樓林立所貨皆奇技淫巧無濟實用而實以鴉片為主姦徒襍處臥榻鼾睡晝夜漏巵斗量車載而上下恬然若忘其已事者野史氏之書始自吳淞終於洋艘出江入海嗚呼有恉哉

金山錢氏家刻書目序

家刻書目者金山錢子馨纂輯其家嚮所刊書之目也錢氏世好善讀書藏書甲一邑尤喜校刊名人箸述父

兄子弟相爲講習自乾嘉閒已盛矣道光中錫之通守輯守山閣叢書及指海書凡數百種閒校勘異同附以札記攷訂家以爲善咸豐之初鼎卿學博續輯藝海珠塵壬癸二集及刊西人重學夢華少尹又輯小萬卷樓叢書繼之夫刊布書籍以傳古人之精微而己之心力亦附以傳儀徵阮文達公之論曰於人謂之有功於己謂之有福盡有味乎其言之也咸豐之末浙寇東竄逃難解散荏苒十餘年播遷甫定同治甲戌予歸自金陵子磬招予至所居復園曰先世遺書盡失板片亦煨燼亂後竭蹷不能重刊使前人苦心一朝湮沒不孝之罪也私心竊計先彙歷世所刻諸書目錄序跋及校勘記

爲一編以行世它日力稍舒當次第刊之何如予曰此亦不得已之舉也顧書籍既散佚廣求之收藏家僅有存者展轉三年始得略備又副以近時所刻凡得十卷它善書及所選制舉文不預焉書成而猝以病卒烏乎子馨以郡丞筮仕浙江既而翻然乞假歸家既中衰力任艱鉅不復作出山計於予侍奉盡禮予病扶持醫藥如親子弟孰意其逾年而長逝乎予哭以楹聯曰一木苦支嘗必欲使漏室重攉天何此酷三年勤纂輯初不意前徽莫續命竟難回誠傷之也子馨娶於上海王詩禮舊族也至是使其從子仲穀來請曰逝者之志不忍沒也夫子許任校讐將以書目授梓氏予諾之自去歲

之夏至於今凡八閱月而刊成因述其緣起於簡首光緒四年歲在戊寅上巳日

孟東野詩錄序

宋敏求所編東野詩集凡十卷五百十一篇分十三類惟聯句以著韓集不入今世所傳宋本者也昔韓綠卿中翰嘗以貽予益即汲古毛刻所據本毛閥有所改正中翰遭亂病沒予以歸其後人頃從唐君端甫借此帙亦即其本而印手迻之燈下卒錄百三十一首東野詩戛戛獨造高簡處出古人上平生為境所迫不無蹙蹙於貧賤東坡超曠故不喜其詩元遺山至詆為詩囚亦太過矣獨昌黎以為劌目鉥心刃迎縷解掐擢胃腎神

施鬼設形容盡矣予竊欲以深刻峭厲四字括之試參諸昌黎所云求其離合於東野門徑當有所悟入也同治丁卯十月

綠椇花龕詞序

往在金陵嘗與周縵雲侍御論詞縵老曰竹垞言南宋諸家皆宗白石然竊謂夢牕實本清眞於予何如予曰白石何嘗不自淸眞出特變其穠麗爲淡遠耳自 國初來以玉田配白石正以得其淡遠之趣近時諸家又祧姜張而趨二牕顧艸牕深細而雅門徑稍寬或易近似未見能涉夢牕之藩籬者此猶白石之於淸眞矣縵老曰善予曰此吾妄言也凡事必深歷其奧窔而後知

其利病吾於詞雖閒喜之實未嘗致力於此庸詎知吾以爲如是者人見以爲不如是耶縵老笑曰然則姑存其說以俟明者質之可乎迄今十年矣松郡剞劂意爲詞者卽有之亦以鄙人不工詞未嘗及也歲之孟秋青浦沈銳卿上舍以其友金陵黃君石瓢綠梅花龕詞寄眎屬序讀之誠深入白石艸牕玉田之奧窔者憶縵老言因寫前所見以折衷之倘有以告吾也光緒戊寅秋分前一日

跋蕭常續後漢書

此書嚴於書法而略於事跡雖閒采范書及裴松之注以補陳志之闕而疏漏反多於陳列傳分合處徒取陳

書倒亂其次往往分所不必分合所不當合所載文辭旣多刪節又輒以意竄易其字句陳書有前後異同不能猝定如卷二延熙十六年大將軍費禕爲魏降人郭循所書陳志魏三少帝紀及張嶷傳又作郭脩而此據後主傳俱改爲循卷八將軍傳士仁屯公安陳志孫權呂蒙傳楊戲季漢輔臣贊幷注俱無傳字錢少詹三國志攷異疑其人士姓而仁名傳爲衍字而此據關羽傳俱改作傳士仁甚違不知蓋闕之義又如趙雲傳張飛欲閉門自守據裴注引別傳係江陽長張翼而誤以爲張飛董允傳張祇據陳志云許靖兄之外孫也鞠於靖家而誤以爲許靖外孫而鞠於靖其踳駁皆類此除以

蜀爲正統外更無他長末附音義四卷多從俗譌蓋宋人疏於小學比比然也

書艇齋詩話後

曾裘甫艇齋詩話一卷世罕傳本上元朱述之大令借抄於塘西勞氏以眎予其言詩每述徐師川呂居仁之緒論亦喜徵引出處然於隗始則不舉燕世家而舉韓詩於遠志小草則不舉世說而舉本草謂老杜自天題處溼本詩自天申之不知易已云有隕自天矣謂山谷停盃且試聽本退之欲說暫停盃不知太白停盃投箸不能發已先之矣又如以荊公葛溪驛詩疑夜閒不應有蟬鳴後見說葛溪驛夜閒常有蟬鳴此正與寒山半

夜鍾相類不知李義山已有五更疏欲斷之語何必葛溪驛謂洪慶善注韓退之樹雞詩乖龍事不取龍城錄及雲仙散錄今顧俠君注本正引二書不知此二書皆王銍偽撰見墨莊漫錄韓詩固當別有所本洪氏豈未嘗見二書而缺之者正其慎耳又謂東坡大江東去詞人道是三國周郎赤壁因陳無已言不必道三國自改為當日按東坡此句固有語病然過片云遙想公瑾當年此不應復改當日恐傳聞不足據又其評張文潛潘邠老滄溪詩亦未允特以居仁愛誦潘作而附和之然其他臧否頗有可取以貽錢鼎卿學博刊入藝海珠塵續集為談詩家增一枕中鴻寶云

謝蕙庭贈君獨立圖遺照跋

有高世之志者必有過人之行有過人之行者必有獨立之操所謂獨立之操者何也定識定力是也其好善也誠其爲善也果不以衆簪而矜不以隱微而弛不以久暫而殊不以艱困而沮奉之畢生而絕無沽名釣譽之念此古之所謂君子如蕙庭贈君其庶幾矣其於善也耳所聞目所見志意所及常恐或遺力所至至焉力所不至亦至焉其言曰人生百年歲月幾何不乘此未盡之年殫其心力悔將何及烏乎亮哉吾尤服其生平善舉皆推以與人而卒以布衣終臨沒之屬曰我係出城病故毋以殉難報其志與行豈非卓然大丈夫哉烏

乎於獨立一圖見之矣嗣君綏之能繼志述事耿君思泉爲代求題爰識景仰光緒庚辰日在南斗

種花圖記

蓺植之事非徒以爲玩好也一花一木莫不有其體焉類焉性焉質焉外之可以廣見聞而識物理內之尤足以陶養性情蓋惟有主於中因寄所託故君子取之而俗尙夸鄙或汨於功利或溺於聲色則往往笑之以爲近僻蓋營露之鶴與轉丸之蜣其不相謀如此金山蔣卓如年少沈靜不求榮祿無聲色貨利之好獨好蓺植花木於其體類質性究之尤悉嘗爲種花圖乞同志題詠誠風雅士也抑不知卓如之心徒以爲玩好而已邪

抑將以此廣見聞而識物理邪然當今夏四五月間平湖賊一再闌入邑境遠近奔逃遷徙紛相藉比寇退且久而疑慮觀望驚色未定獨卓如時時過予抱舊居神氣閒暇如平昔意其性情之得於陶養者深矣夫居恆不爲功利聲色所惑臨難不爲死生禍福所動非中有素定而能然耶信乎卓如之果託蓺植以自遺而非徒爲玩好也必爲君子所取無疑也雖然其又安知世俗不以爲迂僻而非笑之乎予題種花圖句有云世路方荆榛君心自蘭芷若卓如者庶使予免失言之誚也夫

二熊君兄弟合傳

烏乎天未嘗不生才也天下未嘗無事也生才而不與

事相值相値而不竟其用天下之不幸與抑亦斯才之不幸與竊不解天旣生之而又若限之者其有意乎其無意乎吾於二熊君兄弟而疑之二熊君者長其光字韜之別自號蘇林弟其英字純叔先世自江西遷靑浦遂占籍焉曾祖諱繇澤隱於醫好施與祖諱焜尙俠重然諾父諱畹蘭韜之生而目烱烱動止異常兒讀書强記好賈誼之爲人道光丙午舉鄉荐明年成進士分戶部主事丁父憂居鄉己酉大水歲饑發振邑令侵餙逾萬民多飢死君憤甚上書大吏條陳十六不可解不報然令卒以是免官一邑快之咸豐癸丑粤寇竄江甯閩廣會匪陷據上海靑浦亦有土匪周立春之亂巡撫吉

勇烈公檄君總團防局君詰姦籌餉晝夜不得息俘馘至脅從者得減死當事尤倚重君乙卯元旦收復上海用防勦功加員外郎銜而君以積勞病卒年三十九君性剛而介其筦局事雖親故無所假借以是多觖望及卒無以斂以舊衣繪蟒爲襲人始服其不私當庚戌歲予寓郡西郭外招君與海甯李善蘭同住青浦席元章亦頻來偶論振飢事元章曰人言藉藉盍惄置此君怒曰求振者餓鬼爾如君言又下餓鬼一等邪善蘭爲之矍然純叔幼慧如君讀劉忠介公人譜而愛之韜之授以朱子小學年十二居喪盡禮已而病軟腳坐臥一小樓左圖右史兄弟相問難友愛無間韜之之卒也純叔

年僅十有八上奉母嫂下撫兩從子境困甚始學爲應
制文字補學官弟子咸豐庚申粵寇南竄君奉母避地
鈴山把總祝映奎議結民團擊賊君與焉賊至戰不利
祝死之君哭曰吾有老母不得與祝君同死吾負君吾
負君所貲糜爛於賊轉徙兵閒至澱西之韓上村課六
七農家子饘鬻不給友人陸日愛饋以米不受固與之
以太平御覽報同治壬戌賊踞石神廟港築壘固守以
扼澱口君上方略於統兵者乘夜夾擊殲焉居母喪哭
江陳某聘課其子且以後事託未之應明年陳死君感
其意移家就焉訓陳孤卒成立君潛心宋五子書主於
躬行實踐不欲徒爲文人而兢兢於地方利弊風俗政

事松人困於里甲之役殷富者每以此破家逃亡康熙初婁令李復興創行均田均役各邑便之亂後姦胥復狙行捆束民大懼君條陳其害上之同治十年勒石永禁青邑向未立積穀倉令陳其元謀創建之君爲悉心籌畫水旱得有備吳江東南地窪下田如在釜底君請於令仿明陳瑚法中開漊四圍築高岸俾水有蓄洩君窮不能自存而不忘經世類如此以優行貢候選訓導光緒丁丑豫晉大饑人相食江浙好義者議集貲助振君與吳江淩淦慨任其役馳至豫自濟源以上及原武滎澤獲嘉鄭林湯陰武陟修武汲諸州縣見餓莩載涂車中男女爲匪人捎販者纍纍皆無人色輒對之潸泣

或中夜痛哭不寐值沁水決口繼復暴漲振飢兼行塞河往來深山僻野酷日霪雨無所避險水幾不免或衣食不繼蟣蝨滿體髮至不可梳爬癭發於頸弗復顧如是十閱月心力告瘁而安之未嘗言苦然病已發不可救竟卒於汲年四十三時韜之長子祖詒亦以振事在豫以其喪歸當是時與君先後至豫行振者皆以爲君之黽勉從事奮不顧身其忠誠惻怛殆不可及河道總督河南巡撫據情入　奏得恤如例豫人感君尤切私謚惠愍請建祠以祀焉昺平君兄弟志行卓立皆欲推其所學以應世亦既見效矣乃僅得中年未大展其用故吾疑天之生之而又限之也抑天雖能生之而其榮

悴脩短聽諸其人而天不復持其柄邪雖然兩君之子皆能世其家學而祖詒以進士入翰林亦嘗至豫放振經歷艱難今散館以知縣用其必能體前人之志以大施於世則謂兩君不死可也韜之爲學喜深思博辨體究其源流得失嘗爲予言音韻之學有古今傳變有方域漸差欲作縱橫二表以著其同異之故其餘若天文地理禮樂兵農皆欲放顧氏春秋大事表例旁行衺上畫一爲表與通典通考相輔而行予笑曰君年誠壯柰莫殫莫究何君曰學問之道乃天下公事何必皆出自己予創此例後人踵而行之猶在我也陸日愛言君欲放荀悅申鑒崔實政論作書十篇未成而卒予嘗見君

雜著一卷大都攷證之文其駢體主於沈博絕麗附有弧三角算草蓋以意設形求其通變亂後皆不可問詩未見嘗聞其自誦送郭福衡七古仿佛洪稚存太史蓋學李供奉者也純叔著有恥不逮齋文稾四卷歙器草西浦唱和集杞憂草若干卷余蓮村年譜一卷輯松陵文鈔二十四卷嘗評五代史分纂蘇州府志吳江縣志青浦縣志又欲輯道咸兩朝文以繼姚先生春木
國朝文錄手鈔成帙未卒業祖詒弟穀詒純叔子芑詒

盧處士墓志銘

君諱有棠後改有基字聯蕚號藹園又號滋圃金山人文肅先生祖潢次子以乾隆四十六年辛丑二月二十

五日生以道光十一年辛卯九月十二日卒娶金氏後
君二十有二日生歿於道光元年七月二十二日繼倪
氏嘉慶五年五月六日生後君百七十日完節君歿後
六年嗣子某合祔於邑十六啚先塋之次狀其遺行乞
銘遂銘之曰士困於寠易儒而賈既復業儒抗志皇古
勤學敦行鄉人式焉屢試屢蹶無愠色焉事父母兄克
孝克友躬親菽水爲二人壽坦懷遇物無爾詐虞忠告
善道媿彼面諛人亦有言君曰唯唯改過勿憚如赴壑
水書法魯公剛健不疲詩文秩然豹死留皮維道與藝
君殆兼之古潛德士庶幾似玆鬱鬱佳城没焉齋志銘
其幽宮用示後世

皇清貤封承德郎

晉贈奉政大夫翰林院庶吉士加四級仇君墓誌銘

按狀仇君諱世賢號少泉系屬元嘉議大夫徽州路總管縣十九世孫先世家歙高祖志元　國初避兵至松遂占婁籍曾祖聖林祖鳴山父漢濤以炳台貴

皇贈奉直大夫母鄒

贈宜人生四子伯耕美仲殤叔耕昌季即君君家世貧乏之奉直公性伉爽不問家人生產貧益甚鄒太宜人時以紡績佐之命君日市吉貝百錢每篝燈夜作毋未寢不敢寢犂明易錢仍市吉貝餘負米歸以爲常奉直公督子嚴輒予杖君伏受不得命不敢起稍長隨兩兄習

業尤勤無何奉直公病篤日夜禱泣及没恐母哀傷左
右排解不須臾離至娶婦甚宜於姑乃喜曰庶減吾內
顧憂乎益伯不娶而叔以居隘外徙獨君夫婦常在側
時郁太宜人晚境稍適而伯叔先後以病卒叔娶楊先
没乃請命炳台後叔以慰母時時傷已獨立煢然不敢令
母見太宜人年踰八十寢疾飲食湯藥廁牏必身親之
病久舉動需翼抱夕每數起惕息無安枕或思所嗜雖
深夜必求以進太宜人曰汝日有所作夜宜息毋太苦
君唯唯曰母勿憂兒無所苦也如是者六年居母喪號
哭不解或勸之君曰某少窮困累吾母幸衣食粗給而
不得遂終養天乎天乎聞者哀之君孝友出於天性侍

父母兩兄輒忘其身之所不能爲與力之所不及其與人交富貴貧賤無異視老弱孤寡不能自存者必多方以濟之其訓諸子曰心欲平量欲大吾非有餘視昔日則過矣吾見人之急而思吾昔日不自知其淚之所從來也有同爲賈者負君資不責償或復助之沒後數年猶有太息而述其事者尤敬禮文士自以少失學督炳台讀書從名師遊稽核程課以所業質諸耆宿少進則喜否則痛懲之炳台遂以拔萃科觀政戶曹薦北闈成同治元年進士先是咸豐十年君與三子豫觀咸挈家避寇浦江南流離轉徙而豫咸相繼以沒君憂傷致病聞炳台報捐喜且寇氛漸遠彊掮檔回郡城而病已不

可爲炳台乞假歸聞訃奔喪及家而觀又沒矣君生乾
隆五十八年十二月二十二日沒於同治元年八月二
十六日年七十祔葬於金山鄉二圖李家村奉直公之
穆位
封贈如炳台官光緒四年大吏舉孝行
旌於
朝祠於官配顧先君[redacted]年沒
貤贈安人
晉宜人子四炳台嗣叔後翰林院庶吉士娶沈治豫娶
周治觀娶楊皆九品銜以侍母疾割股得
旌治咸國學生娶朱孫四炳台子恩福恩禕豫子恩禧

皆縣庠生咸子恩祉兼祧觀後曾孫三光璇恩禧子光瓛光瓚皆恩禕子女二一適金山廩貢生張慶恩一適同邑黃家驊孫女一適華亭舉人吳鍾杰炳台女也光緒六年炳台具禮以狀來曰凡炳台之所以狀先考者皆從其實無敢有所誣飾顧十九年來父執僅有存者敢以請銘文虎文章名位不足爲贈君重而贈君之爲人則固素所知也故不辭而爲之銘

銘曰庸言庸行言之譾也體之躬行何其尟也乃如之人庶幾踐也子孫繩繩惟先德之勉也